LEKTÜRESCHLÜSSEL FÜR SCHÜLER

Ludwig Tieck

Der blonde Eckbert

Von Winfried Freund

Philipp Reclam jun. Stuttgart

RECLAMS UNIVERSAL-BIBLIOTHEK Nr. 15349

Gesamtherstellung: Reclam, Ditzingen
Printed in Germany 2005
RECLAM, UNIVERSAL-BIBLIOTHEK und
RECLAMS UNIVERSAL-BIBLIOTHEK sind eingetragene
Marken der Philipp Reclam jun. GmbH & Co., Stuttgart
ISBN 3-15-015349-2

www.reclam.de

Inhalt

1. Erstinformation zum Werk

Ludwig Tieck (1773–1853), die Nachwelt hat ihn den »König der Romantik« genannt,[1] ist Akzent setzender Programmatiker und phantasievoller Dichter der romantischen Bewegung in einer Person. Als Mitarbeiter für Friedrich Nicolais rationalistische Erzählungsreihe *Straußfedern* (1797) zunächst noch mit der Spätaufklärung verbunden, setzte er sich schon bald von der didaktischen und zweckorientierten Literatur des 18. Jahrhunderts ab.

Zusammen mit seinem Mitschüler und Freund Wilhelm Wackenroder, der bereits 1798 verstarb, und dessen Werke Tieck herausgab,[2] entwarf er die ästhetischen Grundlagen einer konsequenten romantischen Kunst. Nicht länger ging es ihm darum, das Gewöhnliche und Alltägliche in den Zusammenhang mit dem Nützlichen zu stellen, sondern ihm den Glanz des Wunderbaren zu verleihen. Alles, was ist und geschieht, erscheint dem Romantiker als Ausfluss einer Welt jenseits des bloß Wirklichen. Erst die Ahnung des Möglichen erhöht den Alltag zum Wunderbaren.

Was sich vordergründig den Sinnen darstellt, ist Abbild und Resonanz eines höheren Daseins, mit dem die Dinge und die Menschen geheimnisvoll verknüpft sind. Es ist die ferne Welt des Wunders, die zum Einzelnen spricht und sich dem offenbart, dessen Sinne sich zu öffnen vermögen. Der Zauberschlüssel zu jenem höheren Dasein, in dem das Wirkliche und das Mögliche sich vereinen, ist die Phantasie, die Kraft des entgrenzenden Geistes. Indem der Mensch in seiner Gegenwart das Wunderbare ahnt, wird ihm das Endliche durchsichtig für das Unendliche.

In den Märchen, Novellen und Märchendramen und den

sie verbindenden Kunstgesprächen seines zwischen 1812 und 1816 erschienenen *Phantasus*, hier ist auch *Der blonde Eckbert* von 1797 erneut aufgenommen, entwickelt und vertieft Tieck sein literarisches Programm. Eng aufeinander bezogen sind Theorie und Dichtung, indem das Erdachte poetische Gestalt annimmt und das Erdichtete der Theorie Grund und Anschauung gibt. Literatur ist für Tieck stets die Synthese von geistigem Entwurf und literarischer Gestalt. Der tiefere Sinn der Aussage weitet das Ausgesagte weit über die Grenzen des im Werk sinnlich Fassbaren aus.

Tiecks Dichtungen, wie die Dichtungen der Romantiker überhaupt, sind dichterische Schöpfungen im Zeitalter der Revolution. Die überschaubaren gesellschaftlichen Verhältnisse und philosophischen Grenzziehungen des aufgeklärten Jahrhunderts werden fließend, lösen sich auf und öffnen den Blick für die Wirklichkeit jenseits des Nützlichen und Funktionellen. Die bisher empirisch-naturwissenschaftliche Orientierung weicht bei zunehmender Transzendierung des bloß Immanenten einer mehr spekulativ-ästhetischen. Der Mensch erfährt sich nicht allein als der, der er ist, sondern auch als der, der er sein könnte. Die Statik des Seins löst sich auf in die Dynamik des Werdens.

Weniger in der Geschichte und der Politik als in der Kunst prägt sich in Deutschland die revolutionäre Haltung aus. Tieck ist einer der bedeutenden Initiatoren des modernen Geistes, in dem Wirkliches und Mögliches, Tradition und Utopie, Realität und Phantasie miteinander verschmelzen. Tieck und mit ihm die Romantiker heben den schöpferischen Menschen hervor, fähig zur unmittelbaren Erkenntnis und zur grenzüberschreitenden Erfahrung. Erst die Phantasie relativiert den im Nützlichen und Funktionellen erstarrten Alltag und macht ihn dem schöpferischen Spiel wieder zugänglich.

Tieck weiß aber auch von der Krise des Menschen, dessen Phantasie im Alltag immer wieder zu ersticken droht, der im Streben nach dem vordergründig Verwertbaren seine geistige Freiheit verrät. *Der blonde Eckbert* ist in diesem Sinne eine Krisengeschichte mit tragischem Ausgang, eine Geschichte, in der der Mensch an seiner selbstverschuldeten Banalität scheitert und doch zu Höherem berufen war, eine Geschichte, die nur zum Schein zu Ende erzählt ist, sofern sie der Leser nicht als Definitivum, sondern als Impuls versteht.

2. Inhalt

Irgendwo im Harz in einem kleinen Schloss lebt der ungefähr vierzigjährige Eckbert mit seiner Frau Bertha in kinderloser Ehe zurückgezogen und unbeteiligt an den Auseinandersetzungen seiner Nachbarn. Gewöhnlich hält sich der eher unscheinbare Ritter innerhalb der Ringmauern seines bescheidenen Anwesens auf, in selbstgewählter Einsamkeit und enger Gemeinschaft mit seiner Ehegefährtin. Gäste finden nur selten den Weg in die Abgeschiedenheit des Schlösschens. Stets aber ist Eckbert ein aufgeräumter Gastgeber, ist er jedoch allein, wirkt er verschlossen und melancholisch. Eine innige Freundschaft verbindet ihn seit Jahren mit Philipp Walther aus Franken, der oft über ein halbes Jahr in der Nähe der Burg lebt, Kräuter und Steine sammelt und mit dem Eckbert lange Wanderungen unternimmt. Wie sie sich kennen gelernt haben, erfährt der Leser zunächst nicht. Je freundschaftlicher und vertrauter das Verhältnis wird, desto mehr drängt es Eckbert, dem Freund auch Einblicke in die bisher wohlgehüteten Geheimnisse seines Lebens zu gewähren, sich ihm gleichsam ohne Vorbehalte zu offenbaren.

Der Ritter Eckbert lebt mit seiner Frau Bertha zurückgezogen in einem kleinen Schloss

Freundschaft mit Philipp Walther

An einem Herbstabend setzen sich das Ehepaar und der Freund an den Kamin, nachdem man Walther bewegt hat, die Nacht im Schloss zu verbringen. Gern willigt der Gast ein, sich die seltsame Jugendgeschichte Berthas anzuhören. Ohne Umschweife beginnt Bertha

Jugendgeschichte Berthas

zu erzählen, mit dem ausdrücklichen Hinweis, dass es sich bei dem Erzählten trotz aller Seltsamkeit keineswegs um ein Märchen handelt. In der vorrückenden Nacht entfaltet sich in der Rückwendung die rätselhafte Kindheits- und Jugendgeschichte der Erzählerin.

Bertha wächst als Tochter eines Hirten in großer Armut in einem Dorf auf. Schmerzlich berührt sie der Streit der Eltern über die ärmlichen Lebensverhältnisse, zumal sie selbst, ungeschickt und unbeholfen, nichts dazu beizutragen vermag, die Not zu lindern. Stattdessen träumt sie von märchenhaften Reichtümern und Glücksfällen und wird den realen Anforderungen immer weniger gerecht. Insbesondere der Vater ist verärgert und aufgebracht über die Tochter, die, ein ganz und gar unnützes Geschöpf in seinen Augen, nichts lernen will. Als sie auch noch im achten Lebensjahr keine Anstalten macht, sich zu ändern, züchtigt er sie grausam.

Träume von märchenhaften Reichtümern und Glücksfällen

In der Nacht flüchtet Bertha verzweifelt und voll Angst aus der ärmlichen Hütte hinaus aufs freie Feld. Ihr Weg führt sie über Hügel, auf gewundenen Wegen an tiefen Abgründen vorbei immer tiefer in die Einsamkeit hinein. Mitunter kommt sie durch abgeschiedene Dörfer, wo sie sich etwas zu essen und zu trinken erbettelt. In der Nacht auf Moosstellen, umgeben von furchtbaren Klippen, hört sie oft seltsame Stimmen. Immer tiefer gerät sie in eine öde, menschenleere Felsenlandschaft hinein, von allen verlassen und am Leben verzweifelnd. Nach einer entbehrungsreichen Wanderung findet sie plötzlich eine lieblichere Natur wieder, sodass sie den Eindruck hat, aus der Hölle in ein Paradies gekommen zu sein.

Aus der ärmlichen Hütte hinaus aufs freie Feld

Begegnung mit einer in Schwarz gekleideten Frau

Am Waldrand, nachdem sie aus einem Wasserfall getrunken hat, stößt sie auf eine ganz in Schwarz gekleidete Frau mit einem Krückstock, die sich ihrer annimmt.

Bertha, belustigt über die sich stets verändernden Gesichtszüge der Frau, folgt ihr über liebliche Wiesen und durch einen schönen Wald im sanftesten Rot und Gold des Abends. Umgeben von einer idyllischen Natur, kommt ihr der Himmel gleichfalls wie ein aufgeschlossenes Paradies vor. Mit dem Blick auf die goldenen Wolken ergreift Bertha zum ersten Mal eine Ahnung von der eigentlichen Welt.

Der Abendhimmel: ein aufgeschlossenes Paradies

Endlich erreichen sie eine kleine Hütte in einem Tal, umgeben von Birken. Ein kleiner Hund begrüßt sie, und aus der Hütte dringt wie Vogelgesang das Lied von der Waldeinsamkeit, angestimmt von einem Vogel in einem glänzenden Käfig. Nach dem Abendbrot mit der alten Frau, deren wirkliches Aussehen hinter den fortwährenden heftigen Gesichtsbewegungen nicht auszumachen ist, schläft Bertha in der Kammer. In der Nacht vermischen sich in ihr die Stimmen der Alten, des Vogels und einer fernen Nachtigall zu einem wunderbaren Traum.

Lied von der Waldeinsamkeit

Bald lernt Bertha wie von selbst zu spinnen, sorgt für den Hund und den Vogel und findet sich in die Wirtschaft des kleinen Haushalts ein. Alle Unbeholfenheit fällt von ihr ab. Die Alte lehrt sie lesen, sodass sie nun, wenn sie über Tag oft allein ist, die wunderbaren Geschichten in den alten Büchern selbst lesen kann. Wie Mutter und Tochter beginnen beide miteinander zu leben.

Nach vier Jahren unbeschwerten, völlig zurückgezogenen Lebens erfährt Bertha von der Alten, dass der farbenprächtige Vogel jeden Tag ein Ei mit einer Perle oder einem Edelstein legt. Da die Frau nun oft Wochen und Monate fortbleibt, erhält das zwölfjährige Mädchen den Auftrag, die Eier in bestimmten Gefäßen zu bewahren. Arbeitend, in Fürsorge für den Hund und den Vogel, verbringt Bertha eine sorgen- und angstfreie Zeit, erfüllt von einem tiefen Glück. Aus dem Gelesenen bildet sie sich eine eigene Welt mit den Zügen ihrer Erfahrung aus ihrem kleinen Lebenskreis. Oft träumt sie von der Liebe eines schönen Ritters, den sie umwirbt und der sie traurig stimmt, wenn er sie nicht wieder liebt. Bertha lebt in völligem Einklang mit ihrer kleinen Welt, und die zurückkehrende Alte lobt sie jedes Mal wegen ihrer Umsicht und ihres Arbeitseifers und hebt ihr gesundes Aussehen hervor. Deutlich warnt sie sie jedoch auch davor, von der rechten Bahn abzuweichen, da die Strafe, wenn auch noch so spät, unweigerlich folgen würde.

Fürsorge für Hund und Vogel. Sorgen- und angstfreie Zeit

Bertha, inzwischen vierzehn Jahre alt, bleiben die Worte dunkel. Wenn sie auch plötzlich den materiellen Wert der Perlen und Edelsteine zu ahnen beginnt und ein starkes Verlangen fühlt, dem erträumten, schönen Ritter wirklich zu begegnen. Zwischen dem Verstand, der sich immer stärker in ihr regt, und der Unschuld der Seele, in der sie noch lebt, droht sich ein Konflikt anzubahnen. Von Tag zu Tag scheint es ihr verlockender, die kleine Hütte hinter sich zu lassen, die Kleinodien mitzunehmen und in die Welt aufzubrechen, dem Prinzen entgegen.

Konflikt zwischen Verstand und Unschuld der Seele

Als die Alte sich wieder einmal verabschiedet und ankündigt, sie würde länger als sonst fortbleiben, ist es Bertha, als ob der Abschied nun endgültig sei. Einige Tage darauf, nach schweren inneren Kämpfen, bindet sie den Hund, der sie mit bittenden Augen ansieht, in der Stube fest, nimmt den Käfig mit dem Vogel und ein mit Kleinodien gefülltes Gefäß mit und macht sich auf. Immer in der Versuchung wieder umzukehren, erreicht sie am Abend ein Dorf, wo sie übernachtet und von der Alten träumt, die ihr droht. Überall fürchtet sie in den nächsten Tagen während ihrer einsamen Wanderung der Alten zu begegnen, und oft fühlt sie das unwiderstehliche Verlangen, wieder in der kleinen Hütte zu sein. Mit dem Verkauf einiger Edelsteine schlägt sie sich durch und erreicht ihr Geburtsdorf. Ihre Eltern, der Schäfer Martin und seine Frau, sind seit drei Jahren tot. Alles kommt ihr kleiner und gedrängter vor als bei ihrem Aufbruch. Traurig setzt sie ihren Weg fort bis zu einer Stadt, wo sie ein Haus mietet und die Alte allmählich vergisst. Bei aller Zufriedenheit kommt ihr die Welt allerdings nicht so wunderbar vor wie in ihren Vorstellungen.

Sie bindet den Hund in der Stube fest und macht sich mit dem Vogel und den Kleinodien auf

Alles kommt ihr kleiner und gedrängter vor

Plötzlich beginnt der lange Zeit verstummte Vogel wieder zu singen. Laut und durchdringend stimmt er das Lied von der Waldeinsamkeit an, die man nicht ohne Reue verlässt. Berthas Gewissensbisse werden wieder wach und eines Tages tötet sie den lästigen Sänger, der sie wie damals der Hund mit bittenden Augen ansieht. Jetzt ist sie bereit, mit einem jungen Ritter, der ihr sehr gefällt, die Ehe einzugehen.

Der Vogel stimmt das Lied von der Waldeinsamkeit an

Seitdem leben Bertha und Eckbert in der Burg, versorgt

mit dem Wohlstand, den die junge Frau aus der Waldeinsamkeit mitgebracht hat. Tief in der Nacht trennen sich die Freunde, Eckbert argwöhnisch wegen seiner Vertrauensseligkeit, die Walther ausnutzen könnte, indem er die bisher wohlgehütete Geschichte verbreitete. Bertha kränkelt seit jenem Abend. Ihr Zustand wird immer kritischer. Tief beunruhigt sie, dass Walther am Ende des Abends den Namen des kleinen Hundes Strohmian genannt hat, der ihr nicht wieder einfallen wollte.

Bertha kränkelt seit jenem Abend

Walther besucht die Freunde immer seltener und hält sich nicht mehr lange bei ihnen auf. Das Vertrauen, das man ihm geschenkt, hat die Freunde nicht näher zueinander geführt, sondern eine tiefe Krise heraufbeschworen. Walther beginnt für Eckbert zu einer drückenden Last zu werden. An einem Wintertag begegnet er mit seiner Armbrust Walther im Wald. Ohne zu überlegen, schießt er den einstigen Freund nieder, der ihm stumm droht. Als Eckbert zur Burg zurückkehrt, ist seine Frau gestorben. Ihre letzten Worte galten der Alten in der Waldeinsamkeit.

Eckbert schießt im Wald seinen einstigen Freund nieder

Als Eckbert zur Burg zurückkehrt, ist seine Frau gestorben

Eckbert lebt fortan in der quälenden Bewusstheit seiner Mordschuld und in tiefer Beunruhigung wegen der unaufgeklärten Jugendgeschichte Berthas. Drückend erleidet er die persönliche Vereinsamung nach dem Tode seiner Frau und seines Freundes. Die Begegnung mit dem jungen Ritter Hugo verbindet ihn vorübergehend wieder mit der Gesellschaft. Auf gemeinsamen Ausflügen kommt man sich näher, und Eckbert beginnt wieder neuen Lebensmut zu schöpfen. Schließlich offenbart er sich rückhaltlos auch dem neuen

Freund und stößt auf Verständnis. Doch wie damals am Abend mit Walther mündet auch jetzt das einmal geschenkte Vertrauen in äußersten Argwohn. In den Augen Eckberts verwandelt sich Hugo zusehends. Während eines Gesprächs, das Hugo mit einem alten Ritter führt, glaubt Eckbert voller Entsetzen Walthers Züge an dem Freund zu entdecken. Außer sich begibt er sich auf seine Burg, entschlossen, jeder weiteren Freundschaft zu entsagen.

An Hugo entdeckt Eckbert Walthers Züge

Auf seinem Pferd unternimmt er eine Reise, die ihn in eine wilde Felsenlandschaft führt, wo ihm ein Bauer einen Pfad an einem Wasserfall vorbei weist. Bei genauem Hinsehen ist ihm, als ob auch der Bauer niemand anderer als Walther sei. Schnell galoppiert er davon, bis sein Pferd unter ihm zusammenbricht. Wie im Traum ersteigt er einen Hügel, Birken bewegen sich im Wind und in wunderlichem Ton erklingt das Lied von der Waldeinsamkeit. In Eckberts Bewusstsein beginnen sich das Gewöhnlichste und das Wunderbarste zu vermischen. Die Grenzen zwischen Traum und Wirklichkeit werden fließend. Alles scheint verzaubert. Die Alte steigt den Hügel hinauf und eröffnet Eckbert, dass sie Walther und Hugo in einer Person gewesen sei, Bertha in Wahrheit seine Schwester. Eckberts Vater habe sie als außereheliches Kind von einem Schäfer erziehen lassen. Eckbert versinkt in Wahnsinn und stirbt, während draußen die Alte weiterspricht, der Hund bellt und der Vogel sein Lied von der Waldeinsamkeit wiederholt.

Das Gewöhnlichste und das Wunderbarste vermischen sich

Eckbert versinkt in Wahnsinn und stirbt

3. Personen

Charakter und Bedeutung der auftretenden Personen erschließen sich in der Verbindung mit den Räumen, in denen sie sich bewegen und Gestalt gewinnen. Der Harz bildet nur scheinbar einen geografisch konkreten Handlungshintergrund, in Wirklichkeit sind es symbolische Räumlichkeiten, die sich auftun, Rahmenkulissen mit prägnanter charakterisierender Aussage.

Rahmenkulissen

Eckbert, die Titelfigur, lebt in der selbst gewählten Abgeschiedenheit seines kleinen Schlosses, in bewusstem Abstand zu seinen Nachbarn hinter trennenden Ringmauern, aus denen er nur selten hervortritt. Es ist die begrenzte und zugleich beschränkte Lebensweise eines Menschen, der an sich selbst genug zu haben scheint und von der Welt und den anderen nicht viel erwartet. Das Leben innerhalb der Ringmauern ist Spiegel eines verengten Daseins, eines Menschenbilds, wie es die Aufklärung entwickelte. Jeder Einzelne kreist im Grunde um sich selbst, es kommt nichts aus ihm heraus und nichts in ihn hinein. Er ist autark und trägt das Gesetz seines Daseins in sich. Mäßigkeit und Sparsamkeit sind Ideale des aufgeklärten Menschen, Tugenden eines Lebens, das nicht aus dem Vollen schöpft, sondern sich mit der Enge zufrieden gibt. Im Gefolge der religiösen Ernüchterung des 18. Jahrhunderts, der Distanzierung von einem eingreifenden, Anteil nehmenden Gott, sieht sich das Subjekt auf sich selbst zurückgeworfen. Ein lebendiger Austausch mit dem Schöpfer wie mit der Schöpfung findet nicht län-

Das Leben innerhalb von Mauern

Natur als Offenbarung und Wunder verschlossen

ger statt. Die Natur als Offenbarung und Wunder bleibt verschlossen.

Verschlossen aber ist der Einzelne selbst, der den Blick immer nur auf sich selbst wirft. Bei aller ausgestellten Heiterkeit scheint Eckbert keineswegs glücklich. Sein zurückgezogenes Wesen, die übermächtigen Hemmungen, sich zu öffnen, sind der Grund für eine unverkennbare Melancholie, Ausdruck der schmerzlichen Einsamkeit und des Leidens an der eigenen seelischen Armut.

Krise des aufgeklärten Menschen

Deshalb wendet er sich so oft, wie es möglich ist, seinem Gast Walther zu und sucht in Gesprächen und gemeinsamen Ausflügen, seiner Isolation zu entkommen. Eckbert verkörpert die Krise des aufgeklärten Menschen. Einengung und Beschränkung, Ernüchterung und Verschlossenheit sind der Preis für eine Auffassung vom Menschen, die diesen zum Mittelpunkt und Zweck der Welt erklärt. Begeisterung, Freundschaft, Liebe, die ganze emotionale Dimension des Menschen scheinen zurückgenommen. Eingezwängt in einen gleichbleibend monotonen Lebensrhythmus ohne Höhen und Tiefen, wirkt Eckbert unscheinbar und durchschnittlich. Kaum unterscheidet er sich von den in Berthas Erzählung erwähnten Pflegeeltern seiner Frau, dem Hirtenehepaar. Phantasielose Ernüchterung bestimmt dort wie hier das Leben, bei den armen Leuten noch verstärkt durch freudlose Arbeit und Unterwerfung allen Tuns unter den vordergründigen Nutzen. Melancholie und Freudlosigkeit beherrschen das Dasein, das eingeengt, ohne Perspektiven, sich gleichsam wie innerhalb von Ringmauern abspielt, eingespannt zwischen Geburt, Arbeit und Tod.

Der Welt Eckberts steht die Waldeinsamkeit jenseits der Ebene, erreichbar über Klippen und Gebirge, gegenüber. Weit schweifen hier die Blicke in die Ferne und in die Höhe, unendlich scheint sich die Welt zu dehnen. Im Mittelpunkt steht die Alte, immer wie im Aufbruch, zwischen Abschied und Heimkehr, in inniger Verbindung mit der Natur, mit der anorganischen wie der organischen. Ihre stark bewegten Gesichtszüge lassen sie von Augenblick zu Augenblick anders erscheinen und verhindern eine eindeutige Konturierung.
Die Alte ist wie das Leben selbst, dynamisch, stets in Veränderung und im Grunde unbegrenzbar. Sie trägt Züge der Natur und ihrer unerschöpflichen Kräfte. Ihre Begleiter sind der Hund und der Vogel. Beispielhaft steht der Hund für die vitale Beweglichkeit, die Lebenskraft und die Lebensfreude, während der Vogel, dessen Eier Perlen und Edelsteine enthalten, die Schönheit verkörpert. Kreatürliches und Ästhetisches sind in ihnen vereint.

Die Alte: das Leben und die Natur

Offenbar beliebig vermag die Alte ihre äußere Gestalt zu wechseln, komische, aber auch bedrohliche Züge anzunehmen und in die unterschiedlichsten Personen hineinzuschlüpfen, weil sie das Lebensprinzip schlechthin vertritt. Als Eckberts Freund Walther bleibt sie jedoch in besonderem Maße der Natur zugetan, indem sie sich vornehmlich außerhalb der Ringmauern bewegt, beschäftigt mit Steinen und Kräutern. Wie Walther so tritt auch Hugo, ebenfalls eine Metamorphose der Alten, in erster Linie jenseits der engen Begrenzung des kleinen Schlosses auf. Bei Walther und Hugo findet Eckbert all das,

In Walther und Hugo findet Eckbert sein Gegenbild

was ihm in seinem eigenen Leben versagt ist: Ausweitung des engen Lebenskreises, Offenheit, Geselligkeit und Freundschaft. Die Alte und ihre Welt auf der einen und Eckberts Dasein, die Waldeinsamkeit und die von Ringmauern eng umgebene Burg bilden einen schroffen Kontrast. Im Grunde unvereinbar sind die nüchtern aufgeklärte Lebensweise und das wunderbare Dasein in der Waldeinsamkeit.

Waldeinsamkeit und von Ringmauern umgebene Burg bilden schroffen Kontrast

Immer wieder holen Eckbert Misstrauen und Argwohn ein. Seine Offenheit bereuend, erschießt er Walther im Wald und zieht sich von Hugo ganz zurück. Allzu sehr verbunden mit seiner eingeschränkten Art zu leben, sieht er sich außerstande, das Angebot einer offenen Freundschaft anzunehmen und seine persönliche Enge zu überwinden.

Das wahre Leben aber spielt sich nicht hinter den engen Ringmauern ab, sondern jenseits in der Weite der Waldeinsamkeit. Nur hier findet ewige Verwandlung statt, nur hier steht das Leben stets neu auf. Der gefangen gesetzte Hund springt zum Schluss wieder frei umher, der erdrosselte Vogel ist wieder lebendig, und die Alte, die in der Gestalt Walthers erschossen worden war, ist wieder auferstanden. Die Mutter Erde, die kreatürliche Lebenskraft und die Schönheit sind unsterblich.

Eckbert aber stirbt. Der Tod setzt einem Leben ein Ende, das in der Enge, der Einsamkeit und der Phantasiearmut verkümmerte. Die Waldeinsamkeit wird ihm nicht zum Ort der Entfaltung, sondern der persönlichen Auslöschung.

Waldeinsamkeit nicht Ort der Entfaltung, sondern persönlicher Auslöschung

Seine Frau **Bertha** ist die einzige unter den Personen des dörflichen Bereichs, die Zugang gewinnt zu der Welt jenseits der regionalen Enge. Als Achtjährige, als Kind noch, kehrt sie dem von Arbeit, Nutzen und Pflichten umstellten Leben im Kreis ihrer Pflegeeltern den Rücken. Die Kindheit wird zum Schlupfloch, durch das man aufbricht aus der Beschränktheit in die Unbeschränktheit und die Weite. Nur im Kind scheinen noch alle Möglichkeiten wachrufbar, nur im kindlichen Erleben hat die Sehnsucht nach Abenteuern und Veränderung noch einen Platz, während der Erwachsene längst gebunden ist an eine karge, einseitige Wirklichkeit, die er für die Einzige hält, weil er allen Sehnsüchten abgeschworen hat. Zwischen Furcht und Faszination gelangt das Kind Bertha aus der Ebene ins Gebirge, aus der verflachten Wirklichkeit drunten im Dorf in eine erhöhte, wunderliche Welt. »So war ich ungefähr vier Tage fortgewandert, als ich an einen kleinen Fußsteig geriet, der mich von der großen Straße immer mehr entfernte« (7).

Kindheit: Schlupfloch in die Weite

Mit der engen dörflichen Welt lässt Bertha auch alle angstvolle Beschränktheit hinter sich. Zusehends freundlicher erscheint ihr die Gegend wie ein Paradies: »die Wälder und die Blätter der Bäume standen still, der reine Himmel sah aus wie ein aufgeschlossenes Paradies« (9). Hier, umgeben von einer harmonischen, verschwenderischen und farbenprächtigen Natur, findet Bertha zu sich selbst. Angekommen ist sie bei der Alten mit ihren Tieren in der Waldeinsamkeit, in einer verklärten, sich weithin öffnenden Naturlandschaft jenseits der zivilisierten Enge, aus der sie aufgebrochen ist. Nicht dort, sondern hier scheint der

Bertha lernt wie von selbst, was sie zum Leben braucht

Mensch zu Hause. Wie von selbst, ohne Zwang des Nutzens, lernt Bertha alles, was sie zum Leben braucht. Mit gesteigerter Empfindsamkeit nimmt sie die neue Welt wahr, ihre Formen und Farben und ihre nie versiegende Schönheit.
Zwischen der Alten und ihr entwickelt sich ein Verhältnis wie zwischen Mutter und Tochter. Das Kind hat zurückgefunden zur unverstellten Natur, aus der alles wahre Leben kommt.

Die Alte lehrt sie aber auch lesen und öffnet ihr so das Reich der Phantasie. Gegenwart und Ahnung, Natur und Geist, Wirklichkeit und Möglichkeit machen erst den ganzen Menschen aus.

In den Büchern begegnet Bertha zunächst einer anderen Welt, die sie aber phantasievoll mit ihrer eigenen verknüpft und ihr so eine ganz persönliche Gestalt verleiht. Ihre Lektüre entfremdet sie nicht von ihrem Leben in der Waldeinsamkeit, sondern bewegt sie dazu, Gelesenes und Erfahrenes, den Sinn der Fiktion mit sinnenhaft erfahrener Wirklichkeit zu verknüpfen. Lebenswelt und die Räume der Phantasie fügen sich wie selbstverständlich aneinander, bilden einen Einklang. Die Grenzen zwischen dem Wirklichen und dem Möglichen verfließen. Das Alltägliche und Gewöhnliche erhalten den Glanz der Phantasie und des Wunderbaren. Kunst macht das Leben durchsichtig für seinen tieferen geistigen Sinn.

Lebenswelt und Phantasie wie selbstverständlich im Einklang

Doch nach sechs Jahren in der Waldeinsamkeit geht in Bertha eine problematische Wandlung vor sich. »Ich war jetzt vierzehn Jahre alt, und es ist ein Unglück für den Menschen, dass er seinen Verstand nur darum bekommt, um die Unschuld seiner Seele zu verlieren« (14).

Das Verlangen, das Gelesene in der Wirklichkeit, aus der sie gekommen, zu entdecken und zu ergreifen, und die Gewissheit, dass ihr die kostbaren Eier des Wundervogels dabei materiell nutzen können, beginnen sie von der wunderbaren Welt der Waldeinsamkeit innerlich zu entfernen.

Weder die Mahnung der Alten noch die seelenvollen Blicke der Tiere sind imstande, sie von dem Vorhaben abzuhalten, in ihre alte Welt zurückzukehren. Nach Vollendung ihrer Kindheit, auf der Schwelle zum Erwachsenenalter, überwältigt das Wirkliche das Wunderbare, der vordergründige Nutzen den tieferen Lebenssinn, sodass der schöne Einklang des Menschen mit der Natur zerbricht. Tief in ihrem Innern aber weiß sie, dass ihre Erwartungen, die sie an die Heimkehr stellt, sich nicht erfüllen werden: »alles war weit kleiner, gedrängter als ich erwartet hatte« (16).

Das Wirkliche überwältigt das Wunderbare

Aus der Weite tritt sie erneut in die Enge, aus der Fülle in die Kargheit, aus dem Paradies der Waldeinsamkeit in die dörfliche Beschränktheit. Entschlossen bricht sie alle Brücken hinter sich ab, tötet den Wundervogel und heiratet Eckbert, mit dem sie fortan hinter den Ringmauern des kleinen Schlosses in gedrängten Verhältnissen lebt und der im Grunde alles andere als der Märchenprinz aus den Büchern ist.

Die Chance einer allseitigen persönlichen Entfaltung ist vertan, gescheitert am Verrat des Wunderbaren und der Verblendung durch das Materielle. Der Auszug aus dem Paradies, die Entscheidung für den Verstand gegen die Phantasie, der Triumph des Nutzens über

Chance allseitiger persönlicher Entfaltung vertan

die Schönheit, lässt den Menschen verarmen. An die Stelle des Glücks, das einmal war, tritt die monotone Gegenwart. Was aber bleibt, ist die Erinnerung an das, was die Kindheit einst verhieß, ein das ganze Leben begleitendes Unbehagen, die Ahnung, dass man die persönliche Erfüllung mutwillig vertan und verspielt hat. Der Bertha entfallene Namen des Hundes zeugt von der erfolgreichen Verdrängung des einstigen Paradieses, das aber bei der Erwähnung des Hundenamens durch Walther plötzlich wieder schmerzlich präsent ist und Berthas Ende einleitet.

Bertha und Eckbert: einseitig am Verstand orientierte Menschen des aufgeklärten 18. Jahrhunderts

Bertha und Eckbert verkörpern auf der Schwelle des aufgeklärten 18. Jahrhunderts zur neuen romantischen Bewegung den einseitig am Verstand orientierten Menschen, der die ursprüngliche seelische Ganzheit nicht erkennt oder wie Bertha letztlich verrät. Ihr vorzeitiger Tod ist Ausdruck eines verfehlten Lebens, aus dem sie selbst den Sinn, die Schönheit, Freundschaft und Liebe, die Phantasie und das Glück verdrängt haben. In der Alten und ihren Tieren aber überleben die Fülle und die dynamischen Verwandlungskräfte der Natur, die Lebensfreude und die Schönheit.

Tiecks Erzählung stimmt den Abgesang auf den aufgeklärten Verstandesmenschen an und schließt mit dem Hinweis auf das neue romantische Lied von der Waldeinsamkeit und sein ganzheitliches Menschenbild. »Eckbert lag wahnsinnig und verscheidend auf dem Boden; dumpf und verworren hörte er die Alte sprechen, den Hund bellen und den Vogel sein Lied wiederholen« (25).

Strukturskizze

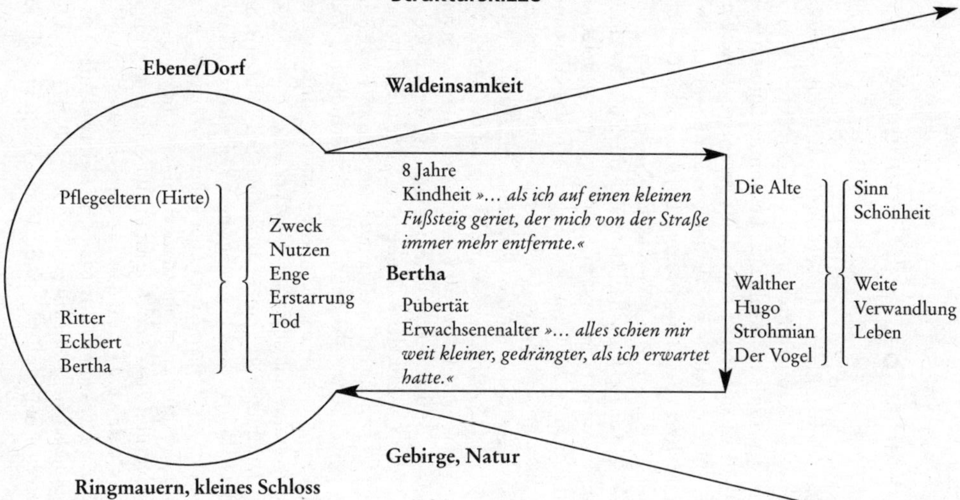

4. Werkaufbau, Stil, Gattung

In Tiecks kleiner Erzählung vermischen sich auf engstem Raum unterschiedliche Erzählstrukturen. Friedrich Schlegels berühmtes Diktum »Die romantische Poesie ist eine progressive Universalpoesie«[3] ist hier konsequent literarisch umgesetzt. Lyrisches, Episches und Dramatisches, Gedichte, Prosa und Szenen, Märchenhaftes, Novellistisches und Tragisches, das Realistische, Phantastische und das Idyllische und Wunderbare verschmelzen zu einer universellen Einheit. Romantische Poesie ist der Versuch, das Getrennte wieder zusammenzufügen, das Einzelne wieder zurückzuführen in die Ganzheit, die Ausdruck der Synthese des Wirklichen und des Möglichen ist. In der Vermischung der Stile und Strukturen entsteht ein dynamisches Gleichgewicht, das das scheinbar Ruhende und zu einem Ende Gelangte stets neu in Bewegung setzt in Richtung auf ein unendliches Ziel. Literatur wie alle Kunst im romantischen Zeitalter gestaltet das unaufhörliche Werden.

Unterschiedliche Erzählstrukturen

Literatur und Kunst im romantischen Zeitalter gestalten das unaufhörliche Werden

▮ Die Handlung setzt im realistischen Stil ein. Vor der Landschaftskulisse des Harzes bewegen sich die handelnden Personen in idyllischer Abgeschiedenheit, wobei der Burg mit ihrer Ringmauer als begrenztem Lebensraum besondere Bedeutung zukommt. Bestimmend scheinen weniger die Menschen als die Umstände, in denen sie leben. Deutlich wird bereits hier ein novellistisches Erzählprofil, die Dominanz der gegebenen, objektiven Welt über die verändernden subjektiven Eingriffe. Im Stil der Novelle spitzt sich das

Leben in der Burg auf die Erzählsituation für die Binnenerzählung Berthas zu, sodass der einleitende Teil vor allem die Aufgabe des Rahmens erfüllt.

Setzt sich in der Kindheitsschilderung zunächst der realistische Stil fort, verstärkt noch durch den Umschlag der Idylle in das soziale Elend, so wendet sich nach dem Aufbruch Berthas aus Bedrückung und Not das Geschehen mehr und mehr ins Wunderbare. Die Stagnation weicht der Mobilität. Nicht das Verharren, sondern der Aufbruch eröffnet dem Einzelnen neue Lebenschancen. Spätestens beim Eintritt in die Waldeinsamkeit und in der Begegnung mit der Alten ist die enge, soziale Wirklichkeit überwunden.

Nicht Verharren, sondern Aufbruch eröffnet neue Lebenschancen

Berthas Aufbruch und ihre Ankunft in einer neuen, schönen Wirklichkeit markieren einen deutlichen Wendepunkt. An die Stelle des Gewöhnlichen und Alltäglichen tritt das Wunderbare. Auffällig ist, dass der Ort in der Waldeinsamkeit sich allen genaueren lokalen Fixierungen entzieht. Es ist ein Platz jenseits der begrenzten Harzer Idylle und der beschränkten Kindheitsverhältnisse, ein Wunsch- und Traumland, eine Utopie, die nirgendwo ist und doch Konturen erhält durch den nach Glück verlangenden Menschen. Die Novelle hat sich zum Märchen gewendet, das bloß Wirkliche ist dem Möglichen gewichen.

Erster Wendepunkt: Berthas Aufbruch und Ankunft in einer neuen, schönen Wirklichkeit

Die Novelle hat sich zum Märchen gewendet

Novelle und Märchen spiegeln strukturell das ganze existenzielle Spektrum des Menschen, die Bereicherung der alltäglichen Welt durch das Wunder. In der Waldeinsamkeit jenseits der Enge und der Not scheinen die Träume von Schönheit und Glück Wirklichkeit geworden zu sein. Der durch den Wendepunkt herbeigeführte Stil- und Strukturwechsel verwandelt die Wirklichkeit in Poesie und weitet die Wahrnehmung aus. Höhere Wahrheit, zumindest aber tiefere Erfüllung kommt dem Poetischen zu. Das Wirkliche ist immer nur Herausforderung, zum Wunderbaren aufzubrechen, die Novelle durch das Märchen zu überwinden.

Das Wirkliche: Herausforderung zum Wunderbaren. Überwindung der Novelle durch das Märchen

Doch das, was für Bertha bei ihrem Aufbruch einst Zukunft war und sich in zeitloser Gegenwart erfüllte, ist zum Zeitpunkt der Binnenerzählung nur noch Vergangenheit, rückrufbar allein in der momentanen Rückblende, im Grunde aber für alle Zeiten nicht mehr erreichbar. Dem Aufbruch folgt im zweiten Teil der Binnenerzählung Berthas Heimkehr in die Verhältnisse, denen sie als Kind den Rücken gekehrt hatte und die sie nun auf der Schwelle zum Erwachsenenalter erneut als eng und einschränkend empfindet. ▮ Ein zweiter Wendepunkt markiert den Übergang vom Wunderbaren zurück ins Realistische. An die Stelle der nicht näher ortbaren Waldeinsamkeit treten wieder die konkreten dörflichen und städtischen Lebensräume. Das Märchen ist versunken. Mit den bedrängenden und einschränkenden menschlichen Verhältnissen setzt sich erneut die Novelle ▮ durch.

Zweiter Wendepunkt: Übergang vom Wunderbaren ins Realistische

Die Welt, ärmer geworden um das Wunder, nimmt ihren eintönigen Lauf, gespiegelt im linearen Erzählen, das Berthas weiteres Leben bis zu dem denkwürdigen Abend auf der Burg wiedergibt. Rück- wie Ausblicke fehlen. Was im ersten Teil der Binnenerzählung noch einmal lebendig wurde, mündet am Ende unweigerlich wieder in den abwechslungslosen Alltag. Der Rahmen schließt sich, nachdem bereits im zweiten Teil der Erzählung das Gewöhnliche das Wunderbare verdrängt hatte. Berthas Tod kurz nach dem Erzählabend beschließt ein Leben ohne Zukunft, ein Dasein, das die Möglichkeit der Erfüllung mutwillig vertan hat. Der scheiternde Mensch, seine persönliche Katastrophe verweisen einmal mehr auf die novellistische Erzählstruktur. Das Märchen aber ist ein unerreichbarer Zustand für den Menschen, der allein seinem Verstand und seinen vernünftigen Nützlichkeitserwägungen folgt. Was sich als realistisch darstellt, ist im Grunde nur eine um das Mögliche amputierte Wirklichkeit.

Scheiternder Mensch und persönliche Katastrophe verweisen auf novellistische Erzählstruktur

Noch vor dem Tod seiner Frau suchen Eckbert nicht zu unterdrückende Ängste heim wegen der vielleicht allzu großen Vertrauensseligkeit. Um seiner Ängste Herr zu werden, erschießt er seinen einstigen Freund Walther, ohne zu erkennen, dass die Begegnung mit ihm die große persönliche Chance bedeutete, die eigene Enge in der Freundschaft zu überwinden. Irrtum, Ängste und Verbrechen verbinden sich zu einem erregenden, novellistischen Plot, der den Einzelnen zusehends in die Rätselhaftigkeit des Daseins verwickelt und ihm die innere Ruhe raubt.

Novellistischer Plot aus Irrtum, Ängsten und Verbrechen

Nach dem Tode Berthas beginnt Eckbert zu reisen. In der Freundschaft mit Hugo scheint sich eine neue Chance aufzutun, bis der neue Freund für den misstrauischen Eckbert die Züge Walthers annimmt. Die Welt beginnt sich unheimlich zu verzerren und die realistische in die phantastische Novelle umzuschlagen. Am dritten Wendepunkt von Tiecks Erzählung gerät die Orientierung Eckberts ins Wanken. Aus dem tief verunsicherten und verängstigten Bewusstsein steigen unheimliche Bilder auf und verfremden die scheinbar untrügliche, alltägliche Wirklichkeit.

Dritter Wendepunkt: Unheimliche Bilder verfremden alltägliche Wirklichkeit

Während das Wunderbare das Wirkliche ausweitet und ihm neuen Glanz verleiht, wird das Wirkliche durch das Phantastische verzerrt und in ein dämonisches Licht getaucht. In Eckberts ähnlich wie in Berthas Leben, als Walther den ihr entfallenen Namen des Hundes nennt, bricht das Grauen ein und vernichtet beide. Sowohl das Wunder der Waldeinsamkeit, des völligen Einklangs mit der Natur, aber auch das Wunder der Liebe und der Freundschaft werden vom Menschen zurückgewiesen, indem er selbstsüchtig und argwöhnisch verblendet das Glück, das sich ihm zuneigt, verkennt und für alle Zeiten verspielt.

Das Phantastische steigert das in der Novelle immer wieder dargestellte Scheitern des Menschen ins Unheimliche und Dämonische. Die vernichtenden Kräfte aber, die den Einzelnen am Ende zur Strecke bringen, sind von ihm selbst heraufbeschworen, vergleichbar den in der Sprache der Psychoanalyse benannten Aktualisierungen des Verdrängten. Eckberts Ende liest sich wie eine Exekution, über ihn verhängt und an ihm vollzogen von der Alten, der zentralen Vertreterin des Wunderbaren, identisch mit Walther und Hugo,

Eckberts Ende: Exekution, verhängt und vollzogen von der Alten

den idealen Gestalten der Freundschaft. Erst das beschränkte Verhalten des Menschen verwandelt das Wunderbare und Ideale ins Grauen und führt seine eigene Vernichtung herbei.

Tiecks Erzählung ist eine zwischen dem Märchenhaften und Novellistischen schwankende Erzählform, ein repräsentatives Modell der romantischen Märchennovelle, in der die Novelle das Märchen verdrängt und usurpiert. Am Ende steht die phantastisch radikalisierte menschliche Tragödie, Jammer und Schauder auslösend. In diesem Sinne mündet die epische Erzählhaltung im Finale in die szenische Darbietung mit der Alten und Eckbert als Spieler und Gegenspieler, in einen dramatischen Dialog vor einer anschaulich entworfenen Kulisse des Orts, wo sich einst das Wunderbare ereignete, nun die Bühne für die heillose Katastrophe. Die Offenbarung der Alten, dass Bertha Eckberts Schwester war, ein Verdacht, den er früh selbst geschöpft hatte, versetzt ihm den Todesstoß. Im Stile der griechischen Tragödie wird der Irrtum (*hamartia*) zur Ursache tragischer Verwicklungen. Die Alte in der Rolle der Richterin spricht das Urteil über den, der die Wahrheit, obwohl er sie ahnte, verdrängte und sein Leben im Grunde auf einer fortgesetzten Lüge aufbaute. Der Mensch aber, der die Wahrheit unterdrückt, sich vor der wahren Liebe und Freundschaft verschließt und keinen Sinn für die Schönheit zu erkennen gibt, spricht sich sein eigenes Todesurteil. Im dramatischen Finale endet ein Leben, das nicht länger lebenswert war.

Das Ende: die phantastisch radikalisierte menschliche Tragödie

Während die Katastrophe eines verfehlten Daseins in szenisch-dramatischer Form Gestalt gewinnt, und das Leben in seinen einzelnen Entwicklungsphasen episch wiedergegeben wird, ist es der lyrischen Aussage vorbehalten, die ideale Existenz zu formulieren. Dreimal erklingt das Lied von der Waldeinsamkeit. Zuerst als Preis des schönen Lebens in völligem Einklang mit der Natur, dann, nachdem Bertha die Waldeinsamkeit verlassen hat, in veränderter Form als Mahnung und zuletzt als Ausdruck der Freude über die vermeintliche Rückkehr in die erfüllte Lebensharmonie. In heilsgeschichtlicher Sinngebung spiegeln die Verse das naive Einssein mit dem Paradies, dessen Verlust und dessen erstrebten Wiedergewinn. Aber nicht die Menschen sind es, die zum Schluss wieder einziehen in die paradiesische Lebensfreude, sondern allein die Alte, der Vogel und der Hund, die Vertreter der im Paradies wirksamen Kräfte.

Waldeinsamkeits-Verse spiegeln das naive Einssein mit dem Paradies

Der Mensch findet auf Grund eigenen Verschuldens keinen Zugang oder macht sich wie Bertha der Selbstaustreibung schuldig. Tiecks Erzählung endet in der Spannung zwischen der Existenz des Paradieses und der menschlichen Unzulänglichkeit, es zu erfassen. Der offene Schluss verweist einmal mehr auf die fragmentarische Form vieler romantischer Kunstwerke, Ausdruck der Unmöglichkeit einer erfüllten Existenz in einer engen, beschränkenden, gesellschaftlich-geschichtlichen Wirklichkeit.

Spannung zwischen Existenz des Paradieses und menschlicher Unzulänglichkeit, es zu erfassen

Übersicht

		Wendepunkt 1 realistisch ⟶ wunderbar rückblendendes	Wendepunkt 2 wunderbar ⟶ realistisch Erzählen	Wendepunkt 3 realistisch ⟶ phantastisch lineares Erzählen
Werkaufbau	Leben auf der Burg	Berthas Erzählung 1 Aufbruch	Berthas Erzählung 2 Heimkehr	Berthas Tod Eckberts Leben Eckberts Tod
Stil	realistisch idyllisch	wunderbar	realistisch	realistisch tragisch phantastisch dramatisch
Gattung	Novelle	Märchen	Novelle	phantastische Novelle
	WELT	WELT + WUNDER	WELT – WUNDER	WELT – WUNDER = GRAUEN

5. Wort- und Sacherläuterungen

3,2 **In einer Gegend des Harzes:** Tieck hatte den Harz auf einer Reise im Juli 1792 kennen gelernt. Mit der für das Märchen untypischen Einbettung des Geschehens in einen authentischen lokalen Rahmen unterstreicht er den novellistischen Charakter des Erzähleingangs.

4,12 **die Nacht sah schwarz zu den Fenstern herein:** vielleicht eine Goethe-Reminiszenz: »Wo Finsternis aus dem Gesträuche / Mit hundert schwarzen Augen sah« (*Willkommen und Abschied,* 1775).

4,27 **Es war jetzt gerade Mitternacht:** Die Nacht ist für den Romantiker die Zeit geheimer Offenbarungen, in der die Träume und alles Verdrängte ins Bewusstsein treten, so wie der Mond durch die Wolken sieht (4,27 f.). Die Romantik nimmt bereits Grundpositionen der Psychoanalyse vorweg.

4,31 f. **Nur haltet meine Erzählung für kein Märchen:** Märchen wird hier im Sinne des bloß Erfundenen und Eingebildeten gebraucht. In einem tieferen Sinne aber offenbart das Märchen die als wirklich erlebte Möglichkeit der Erfüllung persönlichen Glücks.

7,16 **schwindlichten:** *Schwindlicht* ist eine heute nicht mehr gebräuchliche Form für schwindlig.

8,21 f. **als wenn ich aus der Hölle in ein Paradies getreten wäre:** Die Hölle ist die um das Wunder und die Schönheit verkürzte, unpoetische Wirklichkeit, im Paradies aber sind alle Verkürzungen und Verarmungen in einer neuen Poesie des Daseins aufgehoben.

9,18–20 **das Rieseln der Quellen … das Flüstern der Bäume:** Romantischer Stil schärft die Sinne für das geheime

Leben in der Natur, deren Sprache erst jenseits des lauten Treibens der Menschen wieder vernehmbar wird.

9,21 f. **Ahndung:** Gemeint ist: Ahnung.

9,26 f. **ein grünes Tal voller Birken:** Das grüne Tal ist eine Insel des wahrhaften Lebens in und mit der Natur. Die Birke ist ein uraltes Sinnbild des Frühlings und der Leben erweckenden Kraft.

10,1 **Waldeinsamkeit:** eine Wortschöpfung Tiecks, die er gegen die Einwürfe Wackenroders u. a. verteidigte (vgl. Tiecks Novelle *Waldeinsamkeit*, 1840). Gemeint ist der von aller Zivilisation abgeschiedene Zustand des Einzelnen, der im Einklang mit der Natur zu sich selbst findet.

10,8 f. **Waldhorn und Schalmein:** Die Schalmei ist eine Vorläuferin der Oboe. Die Blasinstrumente, insbesondere das Waldhorn, waren bei den Romantikern sehr beliebt, weil hier der Atem, sinnbildlich verstanden als Träger der Seele, den Ton erzeugt, sodass die Musik selbst als Seelenlaut verstanden werden kann.

10,17 **keichte:** Veraltete Form von *keuchte*.

10,23 f. **denn ihr Gesicht war in einer ewigen Bewegung:** Das Gesicht der Alten ist Spiegel der im steten Wandel begriffenen Natur, die immer war und immer sein wird. Daher das Alter der Frau.

12,10 **den seltsamen Namen des Hundes:** Strohmian verweist auf das Verb *stromern*, ›umherstreifen, in Bewegung sein‹. Der Hund verkörpert dynamische Lebensfreude. Bertha ist der Name entfallen, weil sie inzwischen in den Lebensverhältnissen jenseits der Waldeinsamkeit erstarrt ist.

14,6–8 **es ist ein Unglück für den Menschen … verlieren:** Den naiven Einklang mit der Natur vermag der Mensch nur als Kind zu erleben. Im beginnenden Erwachsenenalter droht er aus diesem Einklang herauszufallen, wenn er nicht reflektierend zurückgewinnt, was er einst naiv erlebt hat und nun verloren gegangen ist.

16,3 **blöde:** Hier noch in der ursprünglichen Bedeutung von ›zaghaft‹ und ›furchtsam‹ gebraucht.

16,23f. **bald erkannt ich mich:** Bald erkannte ich, wo ich war.

24,13f. **das Wunderbarste vermischte sich mit dem Gewöhnlichsten:** Grundlegend für die Poetik Tiecks ist die Stil- und Strukturvermischung mit dem Ziel, Ganzheit wiederherzustellen. Der Punkt, in dem das eine in das andere übergeht, nennt Tieck den Wendepunkt.

24,20f. **Niemand als ich war dein Freund Walther, dein Hugo:** Die Alte ist die Synthese des Weiblichen und des Männlichen. In ihr verkörpert ist die existenzielle Ganzheit.

24,25 **Und Bertha war deine Schwester:** Das Inzest-Motiv wird hier verwendet als radikale Steigerung des Irrtums, griech. *hamartia*, das in der antiken Tragödie die Ursache tragischer Verstrickungen bildete.

6. Interpretation

Tiecks kleine Erzählung entstand bereits 1796. Ein Jahr später erschien sie in den *Volksmärchen*. Ihre Gattungszugehörigkeit schien damit festgestellt. Bis heute sieht man im *Blonden Eckbert* einen Prototyp des romantischen Kunstmärchens, ungeachtet des selbst bei Tieck recht schillernden Märchenbegriffs.

In den Rahmengesprächen der *Phantasus*-Ausgabe von 1812 ist von Märchen, aber auch von Erzählung und märchenartiger Geschichte die Rede. Hervorstechend ist der Eindruck des Grausigen. Nach dem Vortrag stehen allen Zuhörern die »Tränen eines heimlichen Grauens in den Augen«[4]. Das Heitere und Versöhnliche, vertraute Merkmale des Märchens, fehlen ganz. »Das echte Märchen«, sagt Tieck einmal selbst, »erschließt mit seinem Kinderton und dem Spielen mit dem Wunder eine Gegend unseres Gemütes, in welche die übrige Kunst und Poesie nicht hineinreicht«[5].

Das Wunderbare nur Episode

Das Wunderbare scheint im *Blonden Eckbert* indes nur Episode. Beherrschend ist das Grauen. Selbst Eckberts Gattin, die Erzählerin der zentralen Jugendgeschichte, bittet ihren Zuhörer: »Nur haltet meine Erzählung für kein Märchen« (4)[6]. Gattungserörterungen verlieren nur dann ihre Selbstgenügsamkeit, wenn sie dazu beitragen, die Aussage zu erschließen, indem die Gattung selbst als Trägerin von Sinn verstanden wird. Gerade das stellt sich in Tiecks Erzählung als Problem. Inwiefern, so ist zu fragen, gestaltet die Vermischung des Wunderbaren mit dem Grausigen eine neue Aussagestruktur, den Entwurf eines modernen Bewusstseinsprofils in einer Zeit einschneidender gesellschaftlicher und geschichtlicher Veränderung?

Thematisch und strukturell überwiegen in der Erzählung die unmärchenhaften Züge. Rahmenhandlung und die einsträngige Handlungsführung mit ihrer Konzentration auf wenige Personen und eng umgrenzte Handlungsräume verweisen eher auf novellistisches Erzählen. Dem äußeren Rahmen in der Erzählgegenwart entspricht der innere Rahmen der Binnenerzählung mit Aufbruch und Rückkehr Berthas. Wie sie in die Welt zurückfindet, aus der sie einst geflohen war, so lenkt auch das äußere Rahmengeschehen zurück in die Erzählgegenwart. Lediglich im Kern der Binnenerzählung selbst, in der eigentlichen Erzählmitte, entfaltet sich märchenhaftes Geschehen, allerdings bei Erzähleinsatz weit zurückliegend, gleichsam umschlossen von den Rahmenbildungen, die einen unmittelbaren Zugang verhindern (vgl. 4, S. 26).

Novellistisches Erzählen

Die abgeschiedene Waldeinsamkeit, von der im leitmotivisch verwendeten Gedicht die Rede ist, spiegelt sich in der strukturellen Anlage der Erzählung. Das Märchen ist nicht wie erwartet wunderbare Gegenwart, sondern in Vergangenheit entrücktes Wunder, nicht unmittelbar beglückendes Erlebnis, sondern elegisch gebrochene Erinnerung.

Aus der Gegenwart scheinen keine Wege mehr in das Märchen zu führen. Heimgesucht von seltsamen Ahnungen, sieht sich die Erzählerin am Ende dem Grauen ausgesetzt, das in ihr Bewusstsein einbricht, unerwartet und unerklärlich. An die Stelle der beglückenden Öffnung zum Unendlichen tritt der Schrecken. Ganz unmärchenhaft usurpiert das Grauen das Wunder.

Schrille Töne zerstören die Märchenharmonie, Unversöhnlichkeit macht den Traum von der letztendlichen Versöhnung zunichte, die reale Katastrophe durchkreuzt den Wunsch nach der Ewigkeit des Glücks. Tiecks Erzählung führt nicht in eine Welt, wo das Wünschen noch hilft, sondern an einen Ort, wo alles Geschehen todsicher die schlimmstmögliche Wendung nimmt.

Alles Geschehen nimmt die schlimmstmögliche Wendung

Die Hauptgestalten Bertha und Eckbert gehören zunächst ganz der Alltagswelt an. Nichts hebt sie in ihrem Verhalten und Denken über das bürgerliche Mittelmaß hinaus. Kaum scheinen sie in ihrer Durchschnittlichkeit des Erzählens wert. Mäßigkeit, Sparsamkeit und feste Normen bestimmen ihren Lebensrhythmus. Eine Existenz ohne Höhe- und Tiefpunkte also, ein Leben, das völlig in der Gewohnheit aufzugehen scheint, ohne das Verlangen, Grenzen zu überschreiten, in Unbekanntes vorzudringen. Ausdrücklich heißt es gleich zu Anfang von Eckbert: »auch sah man ihn nur selten außerhalb der Ringmauer seines kleinen Schlosses« (3). Das kleine Schloss mit seinen Ringmauern veranschaulicht Enge, Kreisen um sich selbst und die Abwehr von Kontakten, ein Leben in offenbar selbst gewollter Isolation, bestimmt von Berührungsängsten, ohne Anregung und das Bedürfnis nach persönlicher Erweiterung.

Das kleine Schloss mit Ringmauern: Enge, Kreisen um sich selbst

In der ritterlichen Lebensweise spiegeln sich verfremdet der Lebenswandel des Bürgertums im 18. Jahrhundert, seine Abgrenzung gegen den Andern und das Andere, sein Streben nach wirtschaftlicher Unabhängigkeit und das ängstliche Hüten des erworbenen bescheidenen Wohlstands. Es ist die von den Romantikern immer wieder gegeißelte philisterhafte Existenz, die hier in beispielhafter

Verkörperung in Erscheinung tritt. »Philister also wurden alle genannt«, schreibt Clemens Brentano, »die keine Studenten waren und nehmen wir das Wort Student im weitern Sinn eines Studierenden, eines Erkenntnisbegierigen, eines Menschen, der das Haus seines Lebens noch nicht wie eine Schnecke, welche die wahren Hausphilister sind, zugeklebt [...].«[7] Eckbert ist der Prototyp des aus eigenem Verschulden bornierten Menschen. Insofern sind bereits die einleitenden Sätze im Sinne eines kritischen Konterfeis zu verstehen. Die Einsamkeit, in der das Ehepaar lebt, ist weniger ein Zustand selbstvergessenen, idyllischen Einsseins, sondern verweist, begleitet von Melancholie und Verschlossenheit, insgeheim auf ein von beiden wohlgehütetes Geheimnis. Ängstlich, in ihrem Innersten verschlossen, scheinen sie etwas mit sich zu tragen, das sie bedrückt, ohne sich davon aus eigener Kraft befreien zu können oder auch nur zu wollen.

Erst nach langer Zeit sind beide bereit, sich ihrem einzigen Freund Philipp Walther, der sie häufiger besucht, anzuvertrauen, ihm »auch das Innerste aufzuschließen« (4). Tieck wendet das beliebte Motiv geheimnisumwitterter Burgen und Schlösser, wie sie in der »gothic novel« begegnen, ins Psychologische und gewinnt dadurch von vornherein eine Tiefendimension jenseits vordergründiger Spannung. Der in wohl geordneten äußeren Verhältnissen auftretende Bürger lebt in Wahrheit unter dem Druck eines ungeordneten inneren Zustands. Sein pedantisches Erscheinungsbild ist nur schützende Fassade vor dem im tiefsten Grund Ungeregelten, das peinlichst niedergehalten und unterdrückt wird. Das Gleichmaß des Lebenswandels soll vor dem Ausbruch dessen bewahren, was alles

Druck der inneren Unordnung

Maß zu übersteigen droht und den Einzelnen vernichten muss.

Ein nebliger Abend und die frühe Finsternis draußen, drinnen der helle Schein des Kaminfeuers, erstellen die Kulisse für die enthüllende Binnenerzählung. Sie erst wirft ein Licht auf das ins Dunkle des Unterbewussten Abgedrängte und hebt es in die Helligkeit des Bewusstseins: Das bisher wohlgehütete Geheimnis tritt ins Licht. Selbst die Erzählkulisse ist nicht nur schaurige Zutat wie in bekannten Schauerromanen, sondern symbolische Veranschaulichung der Enthüllungssituation. Das Beunruhigende tritt aus den Tiefenschichten des menschlichen Bewusstseins hervor. Berthas Jugenderzählung ist die Manifestation des bisher nur Latenten.

Wohlgehütetes Geheimnis tritt ans Licht

Deutlich lassen sich in der Binnenerzählung drei Stationen unterscheiden. Zunächst die von der Sorge um den täglichen Nahrungserwerb beherrschte Welt, in der Bertha heranwächst. Es ist eine Welt ohne Illusionen, eine Welt unter dem Diktat der Nützlichkeit. Berthas vermeintlicher Vater selbst sieht das Mädchen als unnütz an, im Grunde wertlos, da es nichts zur materiellen Grundlage des Lebens beisteuert. Ihre Phantasie, ihr Verständnis für die Not der Eltern, vermögen an dieser Einschätzung nichts zu ändern, da allein das Handgreifliche, Vordergründige zählt, das, was satt macht und etwas einbringt. Der Konflikt zwischen dem phantasievollen Kind und den Erwachsenen mit ihrer öden, auf den bloßen Nutzen abgestellten Lebenspraxis, führt schließlich zum kindlichen Aufbruch aus einer Welt, in der der Mensch notwendig verkümmern muss.

Ganz nach romantischer Überzeugung erscheint das Kind noch im Besitz all seiner Möglichkeiten, erfüllt von

Berthas Wunsch, der Verkümmerung zu entfliehen

der Sehnsucht nach einem Leben, in dem sich Wirklichkeit und Phantasie durchdringen. In Bertha wächst eine neue Generation heran, eher bereit, vor der Verkümmerung zu fliehen, als sich einzwängen zu lassen.

Auf ihrem Fluchtweg treten freie Felder, Wälder und das Gebirge an die Stelle der engen Hütte, in der Bertha bisher gelebt hat. Ungewohnte Weite, Fülle und Höhe verändern die Welt mit einem Schlag und flößen dem Kind Furcht ein. Doch ist es nicht die Furcht des einengend Bedrohlichen, sondern die des plötzlich sich Ausdehnenden, das überwältigende Erleben einer grenzenlos geöffneten Welt, die dem Einzelnen die eigene Verlorenheit bewusst macht und ihn zugleich mit Sehnsucht erfüllt. Bertha ist auf dem Weg zur Begegnung mit dem Märchen. Das Erleben der Entgrenzung, die Öffnung des Raums leiten eine tiefe Erfüllung ein, indem sie alle Möglichkeiten des Menschen wachrufen.

Bertha begegnet dem »Märchen«

Ein kleiner »Fußsteig« entfernt Bertha »von der großen Straße« (7) und führt sie zunächst in eine furchtbar öde, menschenleere Welt, die in ihr das Verlangen nach Wärme und Geborgenheit übermächtig werden lässt. Eine letzte Phase der Bewährung bricht an, in der die Verlorenheit des Menschen noch einmal ins Unerträgliche gesteigert erscheint, in der es sich entscheidet, ob er sich zurückwendet in die Enge oder vorwärts strebt, geleitet nur von seiner Sehnsucht, in das Unbekannte und Weite. Bertha schreitet voran in eine Welt, die allmählich ihren öden und abweisenden Charakter verliert. Ihr ist, als trete sie »aus der Hölle in ein Paradies« (8). Zum ersten Mal empfindet sie dieses paradiesische Lebensgefühl. Nicht länger bedrücken sie Ohnmacht und Einsamkeit, weil sie nun endgültig Abstand gewonnen hat vom Alltag und, befreit von dem verengenden Druck der anderen, fähig wird, sich zu öffnen, sich ohne Vorbehalte der Schönheit der Natur zuzuwenden, als deren Teil sie sich selbst zu verstehen beginnt.

Im Mittelpunkt der nun erreichten zweiten Station in der Entwicklung Berthas steht die Begegnung mit der geheimnisvollen Alten. Von ihr heißt es: »ihr Gesicht war in einer ewigen Bewegung, indem sie dazu wie vor Alter mit dem Kopf schüttelte, sodass ich durchaus nicht wissen konnte, wie ihr eigentliches Aussehen beschaffen war« (10). Die Alte verkörpert das uralte Prinzip zyklischer Bewegung, die nie zum Stillstand kommende Entwicklung und Entfaltung des Lebens, die nach romantischer Auffassung zutiefst progressive Kraft des Alls. Hier und nur hier findet das Märchen statt, die Begegnung mit dem elementar Schöpferischen, dem äußersten Gegensatz zum erstarrten Philisteralltag.

Alles scheint hier ineinander zu verschmelzen, nichts mehr getrennt zu sein, ein »aufgeschlossenes Paradies« (9), in dem die Bäume beseelt flüstern und sich freuen über den Menschen, der zurückgefunden hat, und zugleich von Wehmut erfüllt sind über das ursprünglich verlorene und wieder verloren gehende Paradies. Spontan fühlt sich das kindliche Bewusstsein diesem Zustand verbunden. Berthas Geist und ihre Augen »schwärmten nur zwischen den goldnen Wolken« (9). Das Paradies ist der kindliche Zustand der Menschheit. Alles ist hier von tiefer, naiver Bedeutsamkeit und doch zugleich gegenwärtig in seiner sinnlichen Fülle. Die Waldeinsamkeit jenseits aller Zivilisation, unberührt von ihr, erscheint als ein Reich elementarer Schönheit und unverbrüchlicher Treue dem Menschen ge-

Waldeinsamkeit: Reich elementarer Schönheit

genüber, der sich ihm öffnet. Der Vogel, ein wahrer Paradiesvogel, ist über alle Maßen schön. Kostbar sind die Edelsteine und Perlen, die täglich in seinen Eiern verborgen sind, doch niemals stellt sich die Frage nach ihrem materiellen Wert. Sie sind Teil jener Schönheit, die selig in sich selbst scheint, fern aller Nützlichkeitserwägungen. In dem Hund verkörpert sich die ursprüngliche, durch kein Falsch gebrochene Treue, die beglückende Anhänglichkeit der Kreatur. Es ist eine Welt ohne Sorgen und Leiden, in der alles, was der Einzelne zum Leben braucht, ungefragt zur Hand ist. Berthas eigentliche Tätigkeit besteht im Spinnen, symbolischer Ausdruck des Mitformens und Mitgestaltens der Zeit. Der Mensch, eingebettet in die Natur, vollzieht ihre Bewegung nach und wirkt mit an ihren Erscheinungsweisen. Wie ein Traum erscheint Bertha das Leben in der Waldeinsamkeit, fern von der Hektik der Menschen, die sie nicht vermisst, eingesponnen nur in den ewigen naturhaften Zyklus, den die Alte repräsentiert. Bertha, nachdem sie ihrer Naturgeschöpflichkeit innegeworden ist, wird von ihr als Tochter angenommen.

Traum vom wiedergefundenen Paradies

Im Märchen des Kernbereichs der Erzählung erfüllt sich der Traum vom wiedergefundenen Paradies. Doch die unaufhaltsame individuelle Entwicklung gefährdet die ursprünglich glückselige Einheit von Mensch und Natur, indem das subjektive Bewusstsein sich über das objektive Sein zu erheben versucht.

Wiederholung des Sündenfalls

In Tiecks Erzählung wiederholt sich der Sündenfall des Menschen im Spiegel einer beispielhaften Entwicklung des Kindes zum Erwachsenen. »Es ist ein Unglück für den Menschen«, heißt es, nachdem Bertha vierzehn Jahre alt geworden ist, »dass er seinen Verstand nur darum bekommt, um die Unschuld seiner Seele zu verlieren« (14). Der Verstand ist dem selbstverständlichen Einssein mit allem Leben entgegengesetzt. Er rechnet, kalkuliert, ist auf den größten Vorteil für den Einzelnen aus. Bertha weiß plötzlich recht wohl, wozu ihr all die Kleinodien draußen in der Welt jenseits der Waldeinsamkeit dienen könnten. Der Verstand sondert den Einzelnen aus der spontanen Einheit aus und fordert ihn auf, das Leben auf eigene Faust zu bestehen. Unausweichlich scheint dieser Reifeprozess zu sein, der das Kind beim Eintritt in das Erwachsenenalter herausreißt aus dem Eingebettetsein in die mütterliche Natur, wo der Mensch »vielleicht recht glücklich« wäre, »wenn er so ungestört sein Leben bis ans Ende fortführen könnte« (12).

Der Verstand dem Einssein mit allem Leben entgegengesetzt

Aber gerade das ist ihm verwehrt. Die Entwicklung zum Erwachsenen schreitet unaufhaltsam voran, gespiegelt in Berthas Lektüre. Solange sich Fiktion und Lebensanschauung vereinbaren lassen, ist die Welt in Ordnung. Irritation aber ist die Folge, wo das Gelesene keine Entsprechung im unmittelbaren Lebensraum findet und zum Anlass fortspinnender Imagination wird. Fördert der Verstand die individuelle Aussonderung aus der naturhaften Einheit, so treibt die realitätsfremde Vorstellung die Sucht nach dem Neuen hervor und stürzt in Unzufriedenheit und Ruhelosigkeit. Der überaus schöne Ritter, den sich Bertha aus ihrer Lektüre zusammenflickt, bleibt ein Hirngespinst. Eckbert ist nichts anderes als sein ironisches Konterfei.

Bertha, hin- und hergerissen zwischen der Waldeinsamkeit und den Verlockungen des Verstands und ihrer Vorstellungen, entscheidet sich schließlich gegen das märchenhafte Idyll. Einige Kleinodien und den Vogel nimmt sie mit, um sich draußen in der Welt materiell durchbringen zu können. Den Hund aber lässt sie angebunden zurück und übt damit Verrat an der Treue, die das Verhältnis zwischen ihr und dem Leben in der Waldeinsamkeit bestimmt hatte, für das der Hund Symbolträger war. Wenn ihr später der Name des Hundes nicht mehr einfällt, so verweist das auf den eklatanten Treubruch, den sie als schuldhaftes Verhalten verdrängt hat. Berthas Abschied geschieht nicht ohne gewisse Schuldgefühle, die jedoch letztlich von der Sucht nach dem Neuen unterdrückt werden. Schuldig wird sie nicht, weil der Verstand ihr die Unschuld der Seele nimmt, dies ist eine notwendige, unausweichliche Entwicklung, sondern weil sie sich einseitig von den Verstandes- und Vorstellungskräften vereinnahmen lässt. Wie eine Diebin stiehlt sie sich aus dem Paradies der Kindheit in eine Welt, aus der sie vorher ausgebrochen war und die ihr nun »kleiner« und »gedrängter« vorkommt, als sie erwartet hatte, weit weniger wunderbar als in ihren Vorstellungen.

Verstand entscheidet gegen märchenhaftes Idyll

Der Kreis rundet sich. Bertha findet sich auf der dritten Station ihres Wegs genau dort wieder, wo sie als Kind unglücklich gewesen war. Wie eine ferne, auf immer verlorene Welt liegt nun die Waldeinsamkeit hinter ihr. Nichts hat sich verändert. Eine potenzielle Steigerung ihrer Menschennatur durch die Begegnung mit dem Wunderbaren hat nicht stattgefunden. Die karge Wirklichkeit verdrängt das Märchen so, als wäre nichts geschehen. Berthas Weg erscheint beispielhaft für die Entwicklung

Waldeinsamkeit: für immer verlorene Welt

des Menschen, der in der Kindheit, in der Fülle seiner Möglichkeiten, das Ungenügen an der öden, verflachten Erwachsenenwelt empfindet, dem noch alle Paradiese offen zu stehen scheinen und der beim Eintritt in das Erwachsenenalter sich selbst in der Öde weit jenseits des Wunderbaren, der Schönheit, der Phantasie und des Einklangs mit der Natur einrichtet. Was ihm Steigerung seines Menschseins hätte bedeuten können, bleibt ein Kindheitstraum, ein durch die Einseitigkeit der Verstandesorientierung verratenes Paradies. Der Mensch wird schuldig, weil er seiner ursprünglichen Fülle, die er mit aller Natur gemeinsam hat, die Treue bricht. Die gefesselte Kreatur, die Bertha in der Waldeinsamkeit zurücklässt, verweist auf ihre Schuld und zugleich auf die selbst zu verantwortende Einschränkung ihrer vollen Entfaltungsmöglichkeit.

Der Mensch wird schuldig

Auf dem Höhepunkt ihrer schuldhaften Verstrickung tötet Bertha den mitgeführten Vogel, der ihr unaufhörlich das Lied von der Waldeinsamkeit vorsingt und sie damit schmerzhaft an den paradiesischen Zustand erinnert, dem sie leichtfertig den Rücken gekehrt hat. Ähnlich wie das Anbinden des Hundes und das Vergessen seines Namens ist auch das Töten des Vogels, allerdings weit radikaler, eine Verdrängungshandlung, ein Versuch, das eigene Unrecht, das ihr unabweisbar vor Augen steht, zu unterdrücken, die mahnende Stimme, die sie schuldig spricht, auf ewig zum Schweigen zu bringen. Der Mensch in seiner Verblendung verrät und mordet das, was ihm wahre Erfüllung hätte bringen können; und er entfernt sich dabei von der Natur in dem Maße, wie er sich rechnend

Der Mensch ermordet, was ihm Erfüllung hätte bringen können

und projektierend dem Diktat des Verstandes unterwirft. Wo er jedoch glaubt, jenseits des naturhaften Einsseins seinen eigenen Vorteil zu befördern, findet er sich in einer engen, verödeten Welt wieder, im Philisteralltag phantasieloser Monotonie, in der das Lied von der Waldeinsamkeit, von der Utopie des Eingebettetseins des Menschen in die Natur, endgültig verklungen ist. Der Einzelne sündigt nicht an dem ihm gegenüberstehenden, normsetzenden Gott, sondern an dem Göttlichen in ihm selbst.

Berthas Heirat mit Eckbert, ihr gemeinsames Leben hinter der Ringmauer des kleinen Schlosses besiegeln die Abgeschiedenheit von der konkreten Utopie, die schon einmal so nah, mit Händen greifbar war und in der wunderbaren Schönheit der Braut noch sichtbar ist. Es ist eine im Grund unfruchtbare Gemeinschaft, ohne Kinder, ein Leben auf der Grundlage des gestohlenen Guts aus der Waldeinsamkeit, mit einem Bewusstsein, aus dem man das Unrecht und die Schuld ständig zu verdrängen sucht und die doch nicht aufhören, Empfinden und Verhalten zu beeinflussen. Eine bedrückte und bedrohte Existenz, über der der einstige warnende Ausspruch der Alten im Walde steht; »nie gedeiht es, wenn man von der rechten Bahn abweicht, die Strafe folgt nach, wenn auch noch so spät« (13).

Verdrängte Schuld tritt offen ins Bewusstsein

In Berthas Erzählung tritt die Schuld, die sie niemals wirklich eingestanden und bewältigt, sondern stets nur verdrängt hat, offen ins Bewusstsein und verurteilt die Erzählerin. Die Nennung des vergessenen Hundenamens durch Walther kommt einem Urteil gleich. Bertha erkrankt ernstlich, doch, statt sich jetzt endlich zu ihrer Schuld zu bekennen, grübelt sie über die Identität Walthers nach, sucht nach Erklärungen für ein

Wissen, das sie am liebsten wieder zudecken möchte. Auch Eckbert bedauert die Vertrauensseligkeit und vermeidet das offene Gespräch. Nach der Nennung des Namens aber ist nichts mehr wie zuvor. Krankheit und gesteigertes Misstrauen auf Seiten Eckberts und seiner Frau und wachsende Reserviertheit und Gleichgültigkeit auf Seiten Walthers kennzeichnen die gewandelte Situation. Der Augenblick, in dem Walther den Namen ausspricht, markiert den Wendepunkt der Geschichte, den Einbruch des Unerklärlichen, das alle Vorstellung übersteigt und von dem eine akute Bedrohung ausgeht. Von dieser Stelle an schlägt die realistische Schilderung des Lebens in dem kleinen Schloss ins Phantastische um. Die Gesundheit Berthas, von dem Rätselhaften des Geschehens zu Tode geängstigt, ist zerrüttet, und ihr Mann, der alles wieder ungeschehen machen möchte, erschießt den lästigen Mitwisser im Wald, glaubt zumindest, ihn tödlich getroffen zu haben. Bei seiner Rückkehr ist Bertha tot. Ähnlich wie seine Frau, die einst den Vogel getötet hatte, versucht auch er das Problem durch Gewalt zu lösen, doch in beiden Fällen erscheint der Erfolg fraglich. Tot ist nur Bertha, während Walther und der kleine Vogel in Wahrheit leben.

Die Erzählung Berthas leitet ihr eigenes Ende ein. Das Phantastische: Folge des Verrats am Wunderbaren

Alles, was der schuldige und verstockte Mensch unternimmt, sich zu entlasten, belastet ihn selbst in letzter Konsequenz umso drückender. Die Erzählung Berthas leitet ihr eigenes Ende ein und der versuchte Mord an Walther scheint in geheimnisvoller Beziehung zum wirklichen Tod Berthas zu stehen. Das Phantastische gibt sich als Folge des Verrats am Wunderbaren zu erkennen. Angst und Grauen erwachsen aus der Missachtung des Wunders und der durch eigene Schuld vereitelten Erfüllung des Märchens. Bertha stirbt, weil sie schuldhaft aus der Einheit mit der Natur herausgefallen ist und bis zum Schluss, auch nachdem ihr das verdrängte Unrecht noch einmal schmerzlich vor Augen steht, nicht erkennt, was ihr im Tiefsten fehlt und keinen Weg findet zu den Quellen, aus denen dem Menschen allein echte Lebensmöglichkeiten zufließen.

Wie sie scheitert auch ihr Mann, weil er die Problematik seines Daseins verdrängt, statt sich ihr zu stellen und bis zum Schluss zu keiner Einsicht in die fundamentalen Zusammenhänge von menschlicher und naturhafter Existenz gelangt. Die wahre Identität Walthers bleibt ihm auch dann noch verschlossen, als er ihm in wechselnden Gestalten gegenübertritt. Weder dieser Umstand noch Walthers innige Verbundenheit mit der Natur und sein geheimnisvolles Eingeweihtsein in Berthas Kindheitserlebnisse vermögen in ihm eine Ahnung aufgehen zu lassen von dem unsterblichen, allgegenwärtigen naturhaften Sein, das sich ihm zunächst als Freund nähert und an dem Bertha wie er selbst wiederholt zu Verrätern werden. Ein Schritt auf dem Weg zur Einsicht war es, Walther die Geschichte anzuvertrauen, doch das unmittelbar folgende Misstrauen und der Mordanschlag führten erneut in die Irre.

Auch auf Hugo, den neuen Freund, hinter dem sich kein anderer als Walther verbirgt, reagiert Eckbert schließlich mit wachsendem Misstrauen und Flucht. Die Gegend, die er durchquert, die ganze Natur bleibt ihm bezeichnenderweise verschlossen, sowie er ständig der Begegnung mit dem, was Walther wesenhaft verkörpert, ausweicht. Eckbert ist der naturentfremdete Mensch

Eckbert: der naturentfremdete Mensch

schlechthin, der sich den Zugang zur eigenen Lebensmitte fortwährend selbst verschüttet. Aber das verratene wie unerkannte Einssein von Mensch und Natur, das, was das Wunderbare, die Harmonie des Lebens ausmacht und die öde, einseitige Pseudowirklichkeit wieder in die volle Wirklichkeit des Märchens überführen könnte, treibt den Einzelnen in qualvolle Beunruhigungen. Abwehr- und Fluchtverhalten, Bedrückung und Angst signalisieren die verdrängte, ungelöste Problematik eines Daseins, das sich von der vitalen, Glück stiftenden Natur weit entfernt hat.

Das Grauen ist Symptom einer Naturentfremdung, die, solange der Mensch sie nicht wahrhaben will und alle Erkenntnishilfen ausschlägt, ihn in letzter Konsequenz vernichten wird. Der verblendete Mensch, der vor den ungelösten Problemen seiner Existenz fliehen zu können glaubt, wird letztlich eingeholt von dem Grauen vor der selbst angerichteten Öde. Am Ende hört auch Eckbert das Lied von der Waldeinsamkeit und begegnet der Alten mit ihrem Hund. Doch kündigt sich keine Zeit der Verheißung und der Ausweitung an wie damals bei der kindlichen Bertha, sondern der Augenblick eines phantastischen Gerichts über den verblendeten und verstockten Menschen, der sich der eigenen Entfaltung selbst in den Weg gestellt hat.

Das Grauen Symptom der Naturentfremdung

Von der Alten erfährt Eckbert, dass Bertha seine Schwester gewesen sei, was er zwar geahnt, vor dem er aber, wie vor so vielem in seinem Leben, die Augen verschlossen hat. Nun erkennt er im grauenvollsten Moment seines Lebens die tragische, von ihm selbst verschuldete Fehlorientierung. Im Inzestmotiv spiegelt sich grell das Ausmaß der Naturentfremdung. »Eckbert lag wahnsinnig und verscheidend auf

Der Einbruch des Unheimlich-Phantastischen: jeweils Wendepunkt des Geschehens zum Schlimmstmöglichen

dem Boden; dumpf und verworren hörte er die Alte sprechen, den Hund bellen und den Vogel sein Lied wiederholen« (25). Der Einbruch des Unheimlichen, der phantastische Moment, markiert jeweils den Wendepunkt des Geschehens, die schlimmstmögliche Wendung. In beiden Fällen, bei Bertha wie bei Eckbert, bedeutet die phantastische Heimsuchung das Todesurteil. Das Wunderbare wendet sich zerstörend gegen den, der das Wunder ausgeschlagen und aus seinem Leben verdrängt hat. Die Glück verheißende Fülle der Phantasie schlägt um in die Phantastik des Grauens und des Todes, in die endgültige Negation aller Möglichkeiten. Das missachtete Märchen wandelt sich in einen Albtraum, der die Schuldigen erdrückt.

Das missachtete Märchen wandelt sich in todbringenden Albtraum

Tieck gestaltet das Grauen als Konsequenz aus der rationalistischen Verengung des 18. Jahrhunderts. Es steigt empor aus den unbewussten Bereichen, in die man die Fülle des Lebens verdrängt hatte. Das, was sich unendlich wandelt und weiterlebt, triumphiert über alle Versuche endlicher Begrenzung und Fixierung. Der Einzelne, der die einzig Leben stiftende Symbiose von menschlichem und naturhaftem Sein leugnet, spricht sich das eigene Todesurteil. Was in der Alten, im Vogel und im Hund überlebt, ist das unendliche Werden, das sich von niemandem dienstbar machen lässt.

In der Alten, im Vogel und im Hund überlebt das unendliche Werden

Tiecks phantastische Novelle entwickelt sich aus dem Scheitern des Märchens, das im Kern als konkrete Utopie erhalten bleibt, aber für den naturentfremdeten Menschen unzugänglich ist.

Während im Märchen dem Einzelnen alles möglich erscheint, wenn er im Bunde mit dem Wunderbaren handelt und es achtet – ausdrücklich ist von der Probezeit Berthas in der Waldeinsamkeit die Rede –, regiert in der Novelle das Ereignis, das ihn in Tragik verstrickt. Das phantastische Ereignis gewinnt bei Tieck Gestalt als ein vom Einzelnen selbst ausgelöster Prozess, der an den Wendepunkten des Geschehens zerstörend einbricht, nachdem der Verblendete alle Chancen vertan hat. Tiecks phantastische Novelle offenbart den Zwiespalt einer Welt, die sich gegen das unendliche Mögliche und die lebendige Schönheit für das endliche Wirkliche und den tödlichen scheinbaren Nutzen entschieden hat, in der das Grauen vor der Leere an die Stelle des Glücks im Bewusstsein der ursprünglichen Fülle getreten ist.

Zwiespalt des unendlichen Möglichen und endlichen Wirklichen

7. Autor und Zeit

Herkunft aus der Arbeiterschicht

Ludwig Tieck wurde am 31. Mai 1773 in Berlin als Sohn eines Seilermeisters geboren. Unter den führenden Romantikern stammt er als einziger aus der Arbeiterschicht. Die preußische Metropole, in der er aufwuchs, war geprägt von der Regierung Friedrichs II., der sich zwar gern auf den aufgeklärten Geist der Epoche berief, in Wirklichkeit aber ein absolutistisches Regiment führte. Alle entscheidenden gesellschaftlichen Machtpositionen lagen in den Händen adliger Großgrundbesitzer. Eine Chance für den Einzelnen in der Untertanengesellschaft bot sich nur im geistig-intellektuellen Bereich.

Tiecks Vater, ein durchaus fortschrittlich gesinnter Vertreter seines Standes, schickte den Sohn 1782 auf das humanistische Friedrich-Gymnasium in Berlin, damals geleitet von dem Aufklärungsschriftsteller Friedrich Gedike, der dem neuen Schüler und dessen schon früh sich äußernden künstlerischen Neigungen zunehmend skeptisch gegenüberstand und in ihm einen Atheisten sah. Unter den Mitschülern, mit denen Tieck bald freundschaftliche Verhältnisse knüpfte, waren der früh verstorbene Wilhelm Heinrich Wackenroder und Wilhelm Burgsdorff, Sohn eines märkischen Junkers, der später einer der wichtigsten Mäzene Tiecks werden sollte.

Wilhelm Heinrich Wackenroder

Früh regte sich in Tieck die Begeisterung für das Theater. Fasziniert war er von den Dramen des jungen Goethe und insbesondere von den Bühnenwerken Shakespeares. Auf der Bühne begegneten bereits dem Gymnasiasten die

Ludwig Tieck
Zeichnung von Carl Christian Vogel von Vogelstein

Rollenvielfalt und die Fülle des Lebens in der dialektischen Spannung von Sein und Schein. Schon als Siebzehnjähriger schrieb er 1789 in Anlehnung an Shakespeares *Sommernachtstraum* das Stück *Die Sommernacht.* Alles kam ihm darauf an, das Gewöhnliche und Alltägliche poetisch zu inszenieren, ihm auf dem fiktiven Ort der Bühne den Glanz des Wunderbaren zu verleihen. Tief beeindruckte ihn eine Aufführung von *Die Entführung aus dem Serail*, bei der er Mozart persönlich begegnete. Zur Lektüre Shakespeares trat früh die Lektüre des Spaniers Cervantes. Der *Don Quijote* gestaltete wie kaum ein anderes Kunstwerk die fließenden Übergänge zwischen Imagination und Realität, zwischen Phantasie und Wirklichkeit.

Poetische Inszenierung des Gewöhnlichen und Alltäglichen

Der Berliner Hofkapellmeister Johann Friedrich Reichardt wurde bald auf den begabten jungen Mann aufmerksam und lud ihn ein, auf der kleinen Bühne in seinem Haus mitzuwirken, eine Einladung, der Tieck zusammen mit seinem Freund Wackenroder gern nachkam. Reichardt war es auch, der die besondere Eignung von Tiecks Stimme für den dramatischen Vortrag entdeckte und sie ausbildete. Das Berliner Theater der Zeit bot darüber hinaus ein reich gefächertes Programm. Insbesondere waren es die Shakespeare-Inszenierungen mit dem herausragenden Darsteller Ferdinand Fleck, die Tieck anzogen. Das Engagement für das Theater war es auch, das Tieck mit Karl Philipp Moritz verband, der zwischen 1785 und 1790 seinen Roman *Anton Reiser* um eine gescheiterte Schauspielerkarriere vorlegte. Seit 1789 war Moritz Professor für Altertumskunde an der Kunstakademie in Berlin, wo Tieck Vorlesungen

Das Theater als eigentliche Phantasiewelt

besuchte. Mit Moritz teilte Tieck den Glauben an das Theater als die eigentliche Phantasiewelt.

Während die Französische Revolution einsetzte und das Ancien Régime erschütterte, wandte man sich in Deutschland dem reinen Geist und den schönen Künsten zu, ohne die wirkliche Bereitschaft, das revolutionär Gedachte auch realpolitisch durchzusetzen. Später im *Salon* brachte Heinrich Heine den romantischen Zeitgeist auf den Punkt. »Lächelt nicht über den Phantasten, der im Reiche der Erscheinungen dieselbe Revolution erwartet, die im Gebiete des Geistes stattgefunden. Der Gedanke geht der Tat voraus wie der Blitz dem Donner. Der deutsche Donner ist freilich auch ein Deutscher und ist nicht sehr gelenkig, und kommt etwas langsam angerollt […]«[8] (1833).

Das revolutionäre Freiheitspathos der Poesie verblieb auch bei Tieck ganz im Bereich des Literarischen. Noch als Gymnasiast beteiligte er sich an den Trivialromanen seiner Lehrer Bernhardi und Rambach und zeigte dabei schon früh ein erstaunliches stilistisches Talent. Bereits damals bewegte ihn die Frage, wer er sei und was er sein könnte. Romantisch war dabei vor allem die Überzeugung, immer unterwegs zu sein, niemals bei dem einmal Erreichten zu verharren. 1792 legte Tieck das Abitur ab und begann ohne ein wirkliches Interesse ein Theologiestudium in Halle, das er jedoch niemals abschließen sollte.

Eine Wanderung durch das Saaletal weckte in ihm ein intensives Naturerleben, das für ihn und seine persönliche Entwicklung wichtiger wurde als die Auseinandersetzung mit der Philosophie. Insbesondere der an allen Hochschulen verbreitete Kantianismus schien ihm allzu abstrakt und blutleer. Im Juli 1792 schloss sich eine Fuß-

1792 Fußwanderung durch den Harz

wanderung durch den Harz an. Seine Erfahrungen mit der wildromantischen Landschaft sollten später in den *Blonden Eckbert* eingehen. Im Winter setzte Tieck sein Studium in Göttingen fort, wo er Gottfried August Bürger und Georg Christoph Lichtenberg hörte. In diese Zeit fallen auch die ersten Arbeiten an dem Roman *Geschichte des Herrn William Lovell*, den er 1796 vollendete. Daneben erlernte er die spanische Sprache, um Cervantes im Original lesen zu können. Später, 1799, legte er eine literarisch einfühlsame Gesamtübertragung vor.

Wanderungen durch die Fränkische Schweiz

Ostern 1793 wechselte Tieck zusammen mit seinem Freund Wackenroder an die Universität Erlangen. Von dort unternahmen die Freunde Wanderungen durch die Fränkische Schweiz und besuchten Bamberg, Nürnberg und das Schloss Pommersfelden. Natur und Kunst verbanden sich in der Begegnung mit der an Wäldern, Bächen und Flüssen reichen Landschaft und mit der Dürer-Stadt Nürnberg, wo man in Berührung kam mit der altdeutschen Kunst, die für die Romantiker von modellhafter Bedeutung war. Das unmittelbare Erleben abgeschiedener, malerischer Wälder mag Tieck zu seinem romantischen Schlüsselwort von der Waldeinsamkeit inspiriert haben, aber auch zu seiner Prägung von der »mondbeglänzten Zaubernacht«, die einen Kontrapunkt bildete zur ungeliebten Geschichtsgegenwart. Ohne Zweifel aber war die fränkische Wanderung ein Höhepunkt spontaner Naturerfahrung. Nach einer weiteren Reise, die ihn nach Bayreuth und ins Fichtelgebirge führte, nahm Tieck im Herbst in Göttingen sein Studium wieder auf. Wichtigster Ertrag dieser Zeit war sein Essay *Über Shakespeares Behandlung des Wunderbaren.*

1794 brach Tieck sein Studium endgültig ab. Über Hamburg, wo er dem bedeutenden empfindsamen Dichter Klopstock begegnete, reiste er nach Berlin. Hier reifte der Entschluss freier Schriftsteller zu werden, den er durch den Kontakt mit dem aufgeklärten Berliner Verleger Friedrich Nicolai bald verwirklichen konnte. In Berlin verkehrte er regelmäßig in den literarischen Salons von Rahel Levin und Dorothea Veit. Er lernte u. a. die Philosophen Friedrich Daniel Schleiermacher und Wilhelm von Humboldt kennen. Neben der Brotarbeit an Nicolais Erzählungsreihe *Straußfedern* arbeitete er an der ironischen Lebensbeschreibung *Peter Leberecht*, die er 1796 im gleichen Jahr wie seinen Briefroman *William Lovell* abschloss. Inzwischen in vergleichsweise sicheren Verhältnissen, verlobte er sich im Frühjahr 1796 mit Amalie Alberti, der Schwägerin Reichardts. Nach einem Besuch in der Dresdner Gemäldegalerie mit Wackenroder war der Sommer ausgefüllt mit Arbeiten an Märchendichtungen und novellistischen Erzählungen, mitunter angelehnt an alte Erzählüberlieferungen. Im Einzelnen entstanden *Der blonde Eckbert*, *Die Geschichte von den Haimonskindern*, die Komödie *Prinz Zerbino* u. a. Als Mittzwanziger legte Tieck bereits ein erstaunlich breit gefächertes Werk vor. Es entstanden die Komödien *Der gestiefelte Kater* und *Die verkehrte Welt.* Daneben arbeitete er an dem Künstlerroman *Franz Sternbald*, den er nach seiner Vollendung 1798 Goethe zuschickte. Wichtig waren ihm die Verbindungen mit anderen Intellektuellen der Zeit, die ähnliche Tendenzen verfolgten. Wesensverwandt fühlte er sich weiterhin mit Wackenroder, dessen

Brotarbeit an den Straußfedern

Arbeiten an Märchendichtungen

1797, ein Jahr vor dem Tod des Freundes erschienenen *Herzensergießungen eines kunstliebenden Klosterbruders* er förderte und vermehrte. Im gleichen Jahr lernte er August Wilhelm Schlegel kennen, mit dem ihn die Begeisterung für Shakespeare schnell verband. 1799 wurde das Jahr der bedeutenden Begegnungen. Nach seiner Heirat mit Amalie Alberti und der Geburt der Tochter Dorothea reiste Tieck im Sommer nach Jena und Weimar, wo er Goethe, Schiller, Friedrich Wilhelm Schlegel und Novalis und später Fichte, Brentano, Voß und Jean Paul traf. Im Jenaer Schloss las er in Goethes Gegenwart aus seinem Drama *Genoveva* vor und fand Anerkennung und Beifall. Insbesondere mit Novalis entwickelte sich schon bald eine enge Verbindung, die in Weißenfels, dem Wohnort des neuen Freundes, noch vertieft wurde. Die wichtigste Prosaarbeit dieser Zeit ist die Erzählung *Der getreue Eckart und der Tannhäuser.* Aus dem Nachlass Wackenroders gab Tieck *die Phantasien über die Kunst* heraus, die er durch eigene Beiträge erweiterte. Mehr und mehr profilierte sich Tieck zum repräsentativen Wegbereiter der neuen romantischen Kunst, die er programmatisch, vor allem aber durch eigene Dichtungen Gestalt werden ließ. Mit den anderen Romantikern gab er dem Ästhetischen vor dem Geschichtlich-Politischen eindeutig den Vorzug. Nach der an Anregungen reichen Zeit in Jena kehrte Tieck über Hamburg nach Berlin zurück, wo er sich schon bald in einen Streit mit dem Theaterdirektor Iffland verwickelte, der sich zusehends von den Romantikern als angeblich weltfremden und unspielbaren Autoren distanzierte. Tieck indes setzte un-

August Wilhelm Schlegel

Novalis. Tieck Wegbereiter der neuen romantischen Kunst

beirrt seinen einmal eingeschlagenen Weg fort. In rascher Folge entstanden *Leben und Tod des kleinen Rotkäppchens* und das Lustspiel *Kaiser Octavianus*. Der Tod von Novalis und der Tod beider Eltern im Jahr 1801 trafen ihn tief. Spontan fasste er den Plan, die Dichtungen des verstorbenen Freundes herauszugeben. Unter der Mitarbeit von Friedrich Schlegel erschien die Ausgabe ab 1802. Inzwischen war Tieck mit der Familie nach Dresden übergesiedelt. In der geistig-künstlerischen Auseinandersetzung mit den Malern Caspar David Friedrich und Otto Runge erweiterte und vertiefte Tieck sein Konzept von einer konsequent romantischen Kunst, deren eigentliches Ziel das aus vielen Künsten zusammengesetzte Gesamtkunstwerk bildete. Zunehmende wirtschaftliche Schwierigkeiten und sein von Gichtanfällen erschütterter Gesundheitszustand stürzten Tieck in eine tiefe Krise.

Henriette von Finckenstein und das Landgut Ziebingen

Neue Perspektiven eröffnete die Einladung Burgsdorffs, auf das Landgut Ziebingen in der Neumark überzusiedeln. Die Bewirtschaftung des Guts übernahm im gleichen Jahr der Graf von Finckenstein, an den Tieck fortan ökonomisch eng gebunden war. Zu dieser Zeit entstand das Märchen *Der Runenberg*. In der neuen Lebensumgebung begegnete Tieck der größten Liebe seines Lebens. Henriette von Finckenstein, die Tochter des Grafen, besaß einen beachtlichen Kunstverstand. Ihr wohlklingender, ausdrucksstarker Sopran entzückte die Gesellschaft und insbesondere Tieck, den Henriette als Dichter bewunderte. Ihr widmete er seine *Alma-Sonette.* Mit ihrem Vermögen unterstützte sie den in ständigen finanziellen Sorgen steckenden Tieck, ohne auf Rechenschaft zu drängen. Tieck konnte nun ungestört seinen Neigungen folgen. Neben der Beschäftigung mit altdeutschen Minneliedern begann er eine Bearbeitung des *Nibelungenlieds*, die jedoch Torso blieb. Im Sommer 1803 unternahm er mit Burgsdorff eine Reise durch Süddeutschland, auf der sie in Heidelberg Clemens Brentano besuchten, der im Jahr darauf den Besuch in Ziebingen erwiderte. Während eines Aufenthalts in München 1804 wurde Tieck erneut von schweren Gichtanfällen heimgesucht, die ihn jedoch nicht davon abhielten, im Sommer 1805 in Begleitung seines Bildhauerbruders Friedrich nach Rom aufzubrechen. Hier begegnete er dem Stürmer und Dränger Friedrich Müller, wegen seiner Doppelbegabung »der Maler« genannt, dessen Dichtungen Tieck 1811 herausgab. Bis zu seiner Abreise aus Rom im August 1806 suchte Tieck auf der Suche nach altdeutschen Schriften immer wieder die reich bestückte Bibliothek des Vatikans auf. In Rom entstanden auch die erst 1823 veröffentlichten *Reisegedichte eines Kranken,* Tiecks wohl bedeutendste lyrische Leistung. Die Rückreise führte u. a. über St. Gallen, wo er die dort verwahrte Handschrift des *Nibelungenlieds* einsah, und über Weimar, wo er Goethe besuchte.

Nach Rom

Reisegedichte eines Kranken

Zurück in Ziebingen, fasste er im Zuge seiner altdeutschen Studien die Pläne zu einer Übersetzung der alten Heldenepen und zu einer geschichtlichen Darstellung der altdeutschen Literatur. Doch kam er in beiden Fällen über umfangreiche Ansätze nicht hinaus. Immerhin gebührt Tieck im Gefolge romantischen Geschichts- und Vergangenheitsbewusstseins die Anerkennung als einem der frühen Germanisten, welche die Aufmerksamkeit wieder

Literatur des Mittelalters

auf die bedeutende Literatur des Mittelalters lenkten. Tief getroffen wurde sein vor allem kulturell fundiertes Nationalbewusstsein durch die Schlacht bei Jena und Auerstedt am 14. Oktober 1806, den Triumph Napoleons und den Niedergang Preußens, eine Erfahrung, die ihn einmal mehr der Gegenwart den Rücken kehren ließ.

Heinrich von Kleist

Von dem ländlichen Ziebingen zog es Tieck immer wieder fort, auf der Suche nach Anregungen. Ende 1807 hielt er sich in Berlin auf, im Sommer des nächsten Jahres lernte er dort den bedeutenden Novellisten und Dramatiker Heinrich von Kleist kennen, dessen gesammelte Werke er 1836 herausgab und damit einmal mehr seinen untrüglichen Sinn für literarische Qualität bewies. Nach einem Aufenthalt in Wien lebte er bis zum Herbst 1810 in München, geplagt von schweren Gichtanfällen, bei denen ihm Bettina Brentano beistand. Tiecks eigenes literarisches Schaffen kam in dieser Zeit ganz zum Erliegen. Sein Interesse galt vor allem der altdeutschen Dichtung und der elisabethanischen Dramatik. Ein Kuraufenthalt in Baden-Baden stellte seine Gesundheit insoweit wieder her, dass er im Herbst 1810 nach Ziebingen zurückkehren konnte, wo er Henriette wiedersah. In diese Zeit fallen der Beginn der Freundschaft mit dem Historiker Friedrich von Raumer und die Niederschrift des *Phantasus*, ein literarischer Rückblick auf die romantische Phase, die für Tieck allmählich Vergangenheit zu werden begann. In Ziebingen erfuhr er auch von der Niederlage Napoleons auf dem Russlandfeldzug. Um den Kriegswirren zu entgehen, reiste er 1813 für mehrere Monate nach Prag, wo er u. a. Ludwig van Beethoven begegnete. Auch in der Folgezeit hielt Tieck sich immer nur für kurze Zeit in Ziebingen auf. Rastlos zog es ihn fort auf der Suche nach neuen Anregungen und Begegnungen. Tief beeindruckte ihn die Persönlichkeit E.T.A. Hoffmanns, den er 1814 in Berlin traf. Nach einer Zeit der Stagnation nahm er 1815 mit dem Märchendrama *Fortunat* seine eigenen Arbeiten wieder auf. Ungebrochen war sein Engagement für das dramatische Genie Shakespeares. Um dessen Heimat einmal selbst kennen zu lernen, reiste er 1817 mit Burgsdorff über Kassel nach England. In Kassel tauschte er sich aus mit den Brüdern Grimm, in Koblenz traf er den katholischen Publizisten und Gelehrten Joseph Görres. Wohl kaum ein anderer Intellektueller der Zeit hat auf Grund seiner dialogischen Natur so intensiv Kontakt gesucht mit bedeutenden Vertretern des Zeitgeistes und immer wieder zu geistigem Austausch herausgefordert.

In London studierte Tieck im British Museum alte Handschriften und nahm teil am Theaterleben. Ein Abstecher führte ihn nach Stratford-on-Avon, der Geburtsstadt Shakespeares. Auf der Rückreise über Paris machte er Station in Weimar, wo er erneut Goethe besuchte. In Ziebingen allerdings war seine Zeit bemessen. 1818 starb sein Gönner Graf Finckenstein, und nach Zerwürfnissen mit den Erben zog er 1819 mit seiner Familie in Begleitung Henriettes nach Dresden. Die drückende Schuldenlast wurde durch das nicht unbeträchtliche Vermögen Henriettes gemildert, die mit den Tiecks im Haus am Alten Markt lebte. Tieck machte sich in der sächsischen Metropole bald einen Namen. Seine Dresdner Leseabende gehörten zu den kulturellen Höhepunkten. Neue Freunde sammelten sich um ihn, unter ih-

Milderung der Schuldenlast durch das Vermögen Henriettes

Dresdner Leseabende

nen der Schriftsteller Wolf von Baudissin, der Maler Carl Gustav Carus und der Hofkapellmeister Carl Maria von Weber. Neue Überlegungen konzentrierten sich auf die von August Wilhelm Schlegel angestrengten Shakespeare-Übersetzungen. In seinem eigenen literarischen Schaffen wandte sich Tieck nun verstärkt dem novellistischen Erzählen zu.

Shakespeare-Übersetzungen

1821 begann die Niederschrift der Novelle *Der Aufruhr in den Cevennen*. Es folgten *Die Gemälde* und *Der Geheimnisvolle*, begleitet von novellentheoretischen Überlegungen. Berühmt wurden Tiecks Theaterkritiken in der *Dresdner Abendzeitung*. Überhaupt wuchs der einstige Romantiker in die Rolle einer literarischen Großmacht hinein, dessen Urteil man schätzte und gern einholte. Illuster war die Liste der Besucher, unter ihnen Jean Paul, Franz Grillparzer, Wilhelm Hauff und Christian Dietrich Grabbe. Tieck beherrschte die Kunst des anspruchsvollen Plauderns und des geistreichen Dialogs. Sein wachsendes Ansehen schlug sich 1825 in der Ernennung zum Hofrat und zum Dramaturgen am Hoftheater Dresden nieder. Bald entfaltete sich mit den Stücken Shakespeares, Goethes, Kleists und Calderóns eine anspruchsvolle Spielplangestaltung. Zusammen mit der Tochter Dorothea und dem Grafen Baudissin setzte er Schlegels Shakespeare-Übersetzung fort, die bis 1833 auf neun Bände anwuchs. Zur Herausgabe seiner eigenen Schriften schloss er 1827 einen Vertrag mit dem Berliner Verleger Reimer ab. Ungebro-

Theaterkritiken

Hofrat und Dramaturg am Hoftheater Dresden

Ab 1827 Herausgabe seiner eigenen Schriften

chen blieb Tiecks Mobilität. Auf der Rückreise von einem Kuraufenthalt in Baden-Baden im Jahr 1828 besuchte er den Spätromantiker Justinus Kerner in Weinsberg und Goethe in Weimar, wo er sich Zeit nahm für einen längeren Aufenthalt. Goethe und Tieck hatten sich während der häufigen Treffen in regem geistigen Austausch schätzen gelernt.

Tiecks eigenes Schaffen blieb in dieser Zeit weiterhin geprägt von der Novelle. In rascher Folge entstanden *Das Fest zu Kenelworth*, *Das Zauberschloß*, *Der Hexensabbat* u. a. Literarhistorisch machte er sich verdient mit der Herausgabe der gesammelten Schriften des Stürmer und Drängers Jakob Michael Reinhold Lenz, dessen Bedeutung Tieck als einer der Ersten erkannte. Überhaupt teilte er mit Goethe das breit gespannte Interesse für den Gesamtbereich der Literatur, das sowohl produktive als auch rezeptive Engagement. Tiecks eigene Bibliothek umfasste um die 16 000 Bände und zeugte von der immensen Belesenheit ihres Besitzers. Die Bücher repräsentierten den Geist einer Epoche, die im Wesentlichen der Vergangenheit angehörte. Unüberhörbar hatte Heine von dem Ende der Kunstperiode gesprochen, des klassisch-romantischen Zeitalters, geprägt von der Dominanz des Ästhetischen, von dem Glauben an die Identität von Gehalt und Gestalt. Unaufhaltsam begann sich die industrielle Revolution durchzusetzen, begleitet von einem Aufschwung der Naturwissenschaften und der zunehmenden Politisierung der Lebensverhältnisse. Tieck stand den neuen Entwicklungen distanziert gegenüber. Die Julirevolution von 1830 nahm er nur am Rande zur Kenntnis, vorrangig

Jakob Michael Reinhold Lenz

Die Julirevolution 1830 beschäftigt den Literaten nur am Rande

blieb für ihn die Beschäftigung mit Literatur, das Festhalten am Primat des Ästhetischen. Mehr und mehr geriet er in die Rolle einer konservativen Kunstinstanz, die man schätzte, die aber ohne Einfluss auf die aktuelle gesellschaftliche Situation blieb.

Der wachsende Ruhm Tiecks, der weiterhin mit viel beachteten Werken hervortrat, so mit der Novelle *Des Lebens Überfluss* und dem historischen Roman *Vittoria Accorombona,* schlug sich besonders anschaulich in der Monumentalbüste von Pierre-Jean David d'Angers aus dem Jahr 1834 nieder. Eine neue anregende Freundschaft verband Tieck mit Karl Immermann, der Tiecks Drama *Ritter Blaubart* in Düsseldorf uraufführte. Kritisch setzte sich Tieck mit den Jungdeutschen auseinander, deren ungebrochenes politisches Engagement er ablehnte, weil es nach seinem Urteil dem eigentlichen Geist der Poesie widersprach. 1835 erschienen auch die ersten Bände von Tiecks *Gesammelten Novellen*, die bis 1842 auf vierzehn Bände anwuchsen. Eines der bedeutendsten Stücke ist ohne Zweifel die zweibändige Novelle *Der junge Tischlermeister* aus dem Jahr 1836. Hier zeigt sich besonders deutlich die Annäherung der Novelle an den Roman, wie sie für Tiecks Spätwerk charakteristisch ist. Im darauf folgenden Jahr starb Tiecks Frau Amalie. Die Ehe, trotz wiederholter Scheidungspläne formal aufrechterhalten, fand damit ihr unwiderrufliches Ende. Neben der anhaltenden Novellenproduktion – Tiecks letzte Novelle *Waldeinsamkeit* (1840) blieb Fragment – galt sein Engagement weiterhin den Werken Shakespeares. *Shakespeares dramatische Werke* lagen 1839 in der zwölfbändigen endgültigen Ausgabe vor. Tief

1835 erste Bände von Tiecks Gesammelten Novellen

erschütterte ihn der frühe Tod seiner Tochter Dorothea im Jahr 1841, die entscheidenden Anteil an den Shakespeare-Übersetzungen hatte.

1842 schwerer Schlaganfall

Von nun an band ihn nichts mehr an Dresden, und er entschloss sich, nach Berlin zurückzukehren. Auf der Reise zur endgültigen Übersiedlung erlitt er 1842 einen schweren Schlaganfall. Von den Kulturträgern der Stadt wurde Tieck mit offenen Armen begrüßt. Der König gewährte ihm eine Pension von 1000 Talern und stellte ihm einen Sekretär und einen Diener zur Verfügung. Nach seiner Genesung inszenierte Tieck 1843 die *Medea* des Euripides und den *Sommernachtstraum* von Shakespeare. Während er an den Aufführungen der eigenen Stücke *Der gestiefelte Kater* und *Ritter Blaubart* nicht beteiligt war, inszenierte er 1845 selbst wieder den *Ödipus auf Kolonos* von Sophokles. Kurz danach erlitt er einen zweiten Schlaganfall. Noch einmal aber raffte er sich auf und schloss mit Brockhaus einen Vertrag zur Veröffentlichung der *Kritischen Schriften.* Den schwersten Verlust in seinem Leben fügte ihm 1847 der Tod Henriettes zu, die bis zuletzt Anteil nehmend und beratend an seiner Seite gestanden hatte. Die im März 1848 ausbrechende Revolution berührte Tieck wenig. Unbeteiligt nahm er die Barrikadenkämpfe unter dem Fenster seiner Wohnung in der Berliner Friedrichstraße zur Kenntnis. Nach dem Tod Henriettes in erheblichen Finanzschwierigkeiten, sah er sich 1849 zur Versteigerung seiner wertvollen Bibliothek genötigt. In diesem Jahr machte er die Bekanntschaft mit Rudolf Köpke, der sein Eckermann werden sollte. Da Tieck selbst nicht mehr dazu kam, seine Memoiren zu schreiben, erzählte er Köpke in vielen Sitzungen von seinem Leben.

Pension von 1000 Talern

Köpkes spätere Biographie trägt daher durchaus autobiographische Züge.

Zu seiner Freude erlebte Tieck, dass der König einen beträchtlichen Teil der versteigerten Bücher zurückgekauft hatte und sie ihm wieder zur Verfügung stellte. Ab 1851 fesselten ihn die Folgen der Schlaganfälle dauerhaft ans Bett. Am 28. April 1853 starb er kurz vor Vollendung seines 80. Lebensjahrs. Beigesetzt wurde der einstige König der Romantik auf dem Friedhof der Dreifaltigkeits-Gemeinde in Berlin-Kreuzberg.

Tod Tiecks am 28. April 1853

Die Werke

Das literarische Werk Tiecks verteilt sich auf zwei Phasen, zwischen den Polen Innovation und Reaktion. Die Werke der ersten Phase, die mit dem Erscheinen des *Phantasus* 1812–16 endet, setzen programmatische Akzente und bestimmen das Konzept einer romantischen Kunst wesentlich mit. Die Werke der zweiten Phase, die um 1820 einsetzt, zeigen sich beeinflusst von den restaurativen und frührealistischen Stiltendenzen, die Tieck nicht länger mitbestimmt, sondern von denen sein Schreiben nun bestimmt wird, indem sie ihn zur literarischen Reaktion herausfordern.

Innovation und Reaktion

Sein Debut als romantischer Autor gab Tieck 1795/96 mit zwei Romanen. Gerade der Roman mit seinem breiten fiktiven Spektrum galt den Romantikern als idealer Entwurf einer poetischen Existenz. In

Der Roman als idealer Entwurf einer poetischen Existenz

Peter Leberecht, einer fiktiven Autobiographie, sind der Ich-Erzähler und der Romanheld identisch. Ironisch, indem er den Leser mit einbezieht, kommentiert der Erzähler die Aktionen der Hauptfigur und relativiert dabei die äußeren Ereignisse, sodass die Grenzen zwischen Romanfiktion und Wirklichkeit verschwimmen. Zentral sind die Gefühle und Gedanken. Der innere Vorgang dominiert die äußere Handlung. Die *Geschichte des Herrn William Lovell*, ein Briefroman, dokumentiert die Neigung der Romantiker zu einer psychologisch vertieften Darstellung. Das Ich bewegt sich zwischen heroischem Egoismus und nihilistischer Verzweiflung. Der gebrochene Held als Opfer eines libertinistischen Gefühlslebens steht am Ende einer abschüssigen Entwicklung. Der Roman ist Zeugnis der frühromantischen Auseinandersetzung mit der Abkehr von allen persönlichen Bindungen.

Neben dem Roman bot Tieck in der Frühzeit der Romantik vor allem das Bühnenspiel Gelegenheit, romantische Überzeugungen darzustellen. Unter dem Einfluss Shakespeares verwandelt Tieck die bekannte Blaubart-Geschichte in ein Ritterdrama: Das 1797 entstandene Stück *Ritter Blaubart* ist geprägt von traumhaft-unheimlichen Stimmungen. Der aus pathologischem Zwang Frauen mordende Held verkörpert die Nachtseiten der Natur, die zerstörerischen Antriebe des Menschen. Indem die Romantiker die bloße Außensicht durchbrechen und vertiefen, dringen sie vor zu den seelischen Abgründen. Revolutionär ist vor allem die neue Weise der Wahrnehmung, die das scheinbar Gesicherte immer wieder in Frage stellt. Das Märchenspiel *Der gestiefelte Kater* (1797) zeigt das Scheitern einer dramatischen Aufführung des Mär-

Die Romantiker dringen vor zu den seelischen Abgründen

chens vor einem fiktiven Theaterpublikum. Unzufrieden mit den sich häufenden Unwahrscheinlichkeiten, mischen sich die Zuschauer mit Zwischenbemerkungen und wütenden Reaktionen ein und lassen eine Entfaltung der dramatischen Fiktion erst gar nicht zu. Kritisiert wird vor allem der völlige Mangel an Sensibilität für das Märchenhafte und Poetische, eine Kritik, die Tieck in dem dramatischen Spiel *Die verkehrte Welt* (1799) fortsetzt und präzisiert. Nichts ist hier mehr verlässlich. Die romantische Ironie löst jeden Wirklichkeitsbezug auf. Skaramuz, der Vertreter der Aufklärung, hat den Thron Apolls usurpiert und die Poesie aus dem Lande vertrieben. Aber alles ist nur Theater. Ein Stück wird aufgeführt, in dem ein Stück aufgeführt wird, das die Aufführung eines Stücks zum Thema hat. Die Bühne wird zum Ort eines revolutionären ästhetischen Umgangs mit einer als ungenügend empfundenen geschichtlichen Wirklichkeit. Thematisch verwandt ist das Märchenspiel *Prinz Zerbino* ebenfalls aus dem Jahr 1799, in dem ein an einem antirationalistischen Wahnsinn und an einer unglaublichen Lesewut erkrankter Prinz am Ende geheilt wird und in der Poesie fortan nichts anderes als eine ungeheure Narrheit sieht.

Romantische Ironie löst Wirklichkeitsbezug auf

Wiederum erscheint die triumphierende, aufgeklärte Welt als die im Grunde heillos verkehrte. Das Streben Tiecks nach einer konsequenten Romantisierung des Gewöhnlichen führte ihn früh zum Märchen, das man spätestens seit den Grimms im besonderen Maße mit der Romantik verbindet. 1797 erschienen die *Volksmärchen*, herausgegeben von dem fiktiven Herausgeber Peter Leberecht. Die Sammlung enthält sowohl Bearbeitungen überkommener

1797 Volksmärchen

Märchenstoffe wie *Blaubart*, *Der gestiefelte Kater* und die *Wundersame Liebesgeschichte der schönen Magelone und des Grafen Peter von Provence*, Nacherzählungen alter Volksbücher wie *Die Geschichte von den Haimonskindern* und schließlich eigene Schöpfungen, unter ihnen *Der blonde Eckbert*. Der Begriff des Märchens ist bewusst weit gefasst. Oft fließen Märchen und Novelle ineinander. Entscheidend ist jeweils die Ausweitung des Alltäglichen zum Wunderbaren oder auch zum Schaurigen.

Ausweitung des Alltäglichen zum Wunderbaren, auch zum Schaurigen

Setzte Tieck mit seinen »Volksmärchen« wichtige Akzente für dieses Genre, so schuf er mit *Franz Sternbalds Wanderungen* (1798) den Prototyp des romantischen Romans und des romantischen Romanhelden. Der aus der Nürnberger Werkstatt Dürers stammende Maler ist begeistert von allem Neuen, findet aber über die vielfältigen Einflüsse nicht zu seiner eigenen Kunst. In der Phantasie jedoch erschließt sich ihm eine Welt, die nur dem wahren Künstler offen steht, sich aber der Konkretisierung beharrlich widersetzt. Der romantische Künstler ist immer unterwegs, der Weg bedeutet ihm zugleich das Ziel. Die altdeutsche Zeit, charakteristisch für die romantische Mittelalterbegeisterung, bildet auch den Hintergrund des Trauerspiels *Leben und Tod der heiligen Genoveva*, gedruckt in den 1800 erschienenen *Romantischen Dichtungen*. Genoveva, nachdem ihr Gatte Siegfried in den Krieg gezogen ist, sieht sich dem aggressiven Liebeswerben Golos ausgeliefert, dem sie sich widersetzt. Schließlich überlebt sie mit ihrem Kind als fromme Einsiedlerin. Beachtlich ist die eindringliche Gefühlsaussprache in variablen Versmaßen. Lyrische

Der Weg ist dem romantischen Künstler das Ziel

Selbstdarstellung und dramatisches Konfliktgeschehen fügen sich zu einer ausdrucksstarken, typisch romantischen Vereinigung der Gattungen, die Tieck in seinen Dramen wie in seinen erzählenden Werken immer wieder vorführt.

Im *Runenberg* (1802) vermischen sich Märchen, Novelle und Schauergeschichte. Christian begegnet im Gebirge der ebenso geheimnisvollen wie faszinierenden Bergkönigin. Sie überreicht ihm eine Tafel mit rätselhaften Zeichen, die sich tief in seine Seele einbrennen und ihn verzaubern. Fortan entfremdet er sich mehr und mehr von der normalen Menschenwelt und endet schließlich im Wahnsinn. Beschworen werden einmal mehr die Nachtseiten der Natur, einer endlichen Welt, wo der nach dem Unendlichen strebende Mensch keine Erlösung finden kann. Das Schaurige ist Ausdruck der Fremdheit des Einzelnen im Hier und Jetzt.

Das Schaurige: Ausdruck der Fremdheit im Hier und Jetzt

Wie die Autoren kaum einer anderer Epoche neigen die Romantiker immer wieder zur poetischen Selbstdarstellung. Das Werk ist Spiegel des eigenen ästhetischen Konzepts. Darüber verliert die jeweilige Handlung an Bedeutung. Im Lustspiel *Kaiser Octavianus* (1804) löst sich am Ende für drei Liebespaare alles in Harmonie auf. Allegorische Verkörperung der romantischen Poesie ist die Romanze, in der sich Glaube und Liebe verbinden. Sie verwandelt die Bühne in einen poetischen Ort, an dem allein die Phantasie den Ton angibt. Berühmt geworden sind die romantisches Bewusstsein pointiert formulierenden Verse:

Mondbeglänzte Zaubernacht,
Die den Sinn gefangen hält,
Wundervolle Märchenwelt,
Steig auf in der alten Pracht![9]

Tiecks romantische Phase endet mit dem 1812–16 erschienenen Phantasus

Tiecks romantische Phase endet mit dem zwischen 1812 und 1816 erschienenen *Phantasus* in drei Bänden. Gesammelt sind hier die für die Entwicklung der romantischen Kunst repräsentativen Werke, eingebettet in eine nach dem Vorbild Boccaccios konzipierte Rahmennovelle, in der man sich zu den vorgestellten Stücken in künstlerischer Reflexion äußert. Vorgestellt werden von den frühen Erzählungen *Der blonde Eckbert*, *Der Runenberg* und *Der getreue Eckart und der Tannhäuser.* Neuschöpfungen sind *Die Elfen*, *Liebeszauber* und *Der Pokal* (alle 1812). Der Dramenband enthält neben den genannten Stücken *Leben und Tod des kleinen Rotkäppchens* (erstmals 1800) und *Leben und Tod des kleinen Thomas, genannt Däumchen* (1812). Der abschließende Band ist ausgefüllt mit dem Märchenlustspiel *Fortunat* (1815/16), dem letzten dramatischen Werk Tiecks. Während das Glückssäckel mit seinem unerschöpflichen Goldsegen dem Vater Fortunat stets Glück bringt, weil er mit ihm umzugehen versteht, stürzt es die Söhne ins Unglück, weil sie sich falsch verhalten. Tiecks *Fortunat* richtet sich vor allem gegen das fatalistische klassische Schicksalsdrama, indem er den Einzelnen verantwortlich macht für die tragische Entwicklung. Nicht das Glück, sondern der Mensch ist schuld an seinem Unglück. Klar spricht sich hier das gestiegene romantische Selbstbewusstsein aus, die Überlegenheit des Geistes über das blind wütende Schicksal.

Überlegenheit des Geistes über das Schicksal

In seiner zweiten literarischen Phase, nachdem die Romantik in die Jahre gekommen war, wendete sich Tieck fast ausschließlich der Prosa und dem Erzählerischen zu.

Der Wiener Kongress ab 1815 nach der Niederlage Napoleons enttäuschte alle demokratisch-liberalen Hoffnungen nachhaltig und leitete auch in der Literatur eine restaurative Wende ein, die Tiecks literarische Produktion zusehends beeinflusste. Die romantische Gattungsvielfalt verengte sich auffällig auf das novellistische Genre, geprägt von der Erfahrung der gescheiterten Hoffnungen. *Der Aufruhr in den Cevennen* (1826), schwankend zwischen Roman und Novelle, reflektiert in nachrevolutionärer Zeit das Unheil politischer Gewalt. Ziemlich genau folgt Tieck dem historischen Geschehen von 1703, als sich königliche Truppen und Hugenotten in einem blutigen Religionskrieg gegenüberstanden.

Die Realgeschichte verdrängt die Kunstperiode und das Primat des Ästhetischen

Die Realgeschichte beginnt die Kunstperiode mit ihrem Primat des Ästhetischen zu verdrängen. Die märchenhaft-poetische Fiktion weicht der historischen Erzählung. Deutlich nehmen im Spätwerk die geschichtskritischen Tendenzen zu. In der Romanumfang erreichenden Novelle *Der Hexensabbat* (1831/32) greift Tieck zurück auf einen Hexenprozess, der sich im Jahre 1459 im flandrischen Arras ereignete. Todfeind des Humanen ist der bigotte klerikale Fanatismus.

Das Spätwerk schlägt dabei auch versöhnlichere Töne an. *Der junge Tischlermeister* (1836), eine Novelle in sieben Abschnitten, blickt zurück auf das vorindustrielle Bürgertum, das Berufs- und Lebenspraxis mit kulturellem Anspruch noch zu verbinden verstand. Auch das Leben des Handwerkers und Bürgers erscheint poetisch. Das Bekenntnis zur Poesie des Gewöhnlichen markiert unübersehbar frührea-

Poesie des Gewöhnlichen: frührealistische Tendenzen im Alterswerk Tiecks listische Tendenzen im Alterswerk Tiecks. Seine bedeutendste Spätnovelle *Des Lebens Überfluss* (1839) setzt die versöhnlichen Tendenzen fort. Sie fand Eingang in den *Deutschen Novellenschatz*. Die Geschichte von dem jungen Ehepaar, das durch das Verheizen der Treppe die Verbindung mit der Außenwelt abbricht, liest sich zunächst wie eine biedermeierliche Rückzugsidylle. Zum Schluss aber erfolgt eine erneute Integration des Paars in die Gesellschaft, wo es sich fortan zu behaupten hat. Die romantische Weltabgewandtheit wird durch die Forderung nach sozialem Engagement korrigiert.

Romantische Weltabgewandtheit durch Forderung nach sozialem Engagement korrigiert

Tiecks letztes großes Werk, der in der italienischen Renaissance spielende Roman *Vittoria Accorombona* (1840) nimmt jedoch die versöhnlichen Tendenzen wieder zurück. Noch einmal lebt in einer kultivierten Patrizierfamilie der Sinn für Schönheit und eine geistreiche Lebensgestaltung auf. Die Tochter Vittoria, die diese Lebenskultur erhalten möchte, erscheint wie ein vollendet schönes Bild. Zum Schluss aber ist die Familie ausgelöscht, der Traum von der Schönheit und Poesie des Daseins ausgeträumt. Der Roman spiegelt, zeitlich verfremdet, den endgültigen Niedergang der klassisch-romantischen Kunstperiode und das Vordringen eines Zeitgeistes, der sich in totaler Abkehr von allem Schönen und Sinnerfüllten dem Nützlichen und Zweckorientierten verschrieb. Tiecks Welt, die er künstlerisch wesentlich mitbestimmt hatte, war versunken, was ihm blieb, war, die Tendenzen des neuen prosaischen Zeitalters literarisch zu registrieren.

8. Rezeption

Im Tieck-Bild des 19. Jahrhunderts bis ins 20. Jahrhundert hinein überwiegen die abwertenden Stimmen. Auffällig ist, dass die Urteile primär von künstlerischer Seite in der Regel positiver ausfallen. In seiner *Romantischen Schule*[10] (1835) sieht Heinrich Heine in Tieck einen der besten Dichter der Schule und führt insbesondere zu den Novellen aus: »Die vorzüglichsten sind *Der blonde Eckbert* und *Der Runenberg*. In diesen Dichtungen herrscht eine geheimnisvolle Innigkeit, ein sonderbares Einverständnis mit der Natur …«[11]. Knapp zehn Jahre nach Tiecks Tod vertonte Johannes Brahms 15 Romanzen aus der *Schönen Magelone*, und Theodor Fontane wie Thomas Mann schätzten Tieck als begabten Erzähler. Ausdrücklich hebt Storm den »Tieckschen Eckbert« als »poetisches Kunstprodukt«[12] hervor.

Die abwertenden Stimmen. Positivere Urteile primär von künstlerischer Seite

Die Literaturkritiker wie die Literaturhistoriker werteten Tieck lange Zeit fast einhellig ab. So verurteilte Rudolf Haym den romantischen Autor in seiner *Romantischen Schule* (1870) als Anempfinder, Mitläufer und Kopisten. Ihm folgten Wilhelm Scherer (*Geschichte der deutschen Literatur*, 1880/83) und Jakob Minor, der insbesondere dem Novellendichter eine Absage erteilte (*Tieck als Novellendichter*, 1884). Einen regelrechten Verriss schrieb Friedrich Gundolf, der in Tieck nicht mehr als einen Unterhaltungsschriftsteller zu sehen vermochte.[13] Noch Emil Staiger schließt sich im Wesentlichen dem negativen Tieck-Bild an. Für ihn hat Tieck »keine Ahnung von Philosophie und scheint der gedanklichen Konzentration überhaupt nicht fähig zu sein«[14]. Erst Edwin H. Zeydel mit seiner Biographie *Ludwig Tieck, the German Romanticist* (Princeton 1935) und auf deutscher Seite Marianne Thalmanns *Ludwig Tieck, der romantische Weltmann aus Berlin*, Bern 1935, und *Ludwig Tieck, der Heilige von Dresden. Aus der Frühzeit der deutschen Novelle*, Berlin 1960, leiteten eine Revision des Tieck-Bildes ein. Marianne Thalmann war es, die Tieck vor dem Hintergrund seiner Zeit zu verstehen versuchte und dabei Tieck als Initiator der romantischen Kunst neu entdeckte. Ihr folgten vor allem Uwe Schweikert (*Dichter über ihre Dichtungen*, München 1971) und Wulf Segebrecht (*Ludwig Tieck. Wege der Forschung*, Darmstadt 1976). Ein Resümee der positiven Neubewertung Tiecks zieht Roger Paulin in *Ludwig Tieck. A Literary Biography*, Oxford 1985.

Revision des Tieck-Bildes

Fast in allen Beiträgen, Tieck besser und gerechter zu verstehen, wird der Erzähler hervorgehoben. Insbesondere *Der blonde Eckbert* gilt als seine eigentliche Meisterleistung, ein Urteil, das der schulische Kanon bestätigt, in dem nur dieses Stück sich weiter behaupten konnte.

Der blonde Eckbert *Tiecks Meisterleistung*

Tiecks knappe Erzählung hat eine Reihe von Deutungen erfahren, die sich fast alle in der unreflektierten Vorentscheidung für das Märchen einer differenzierteren Gattungserörterung enthalten. In den einzelnen Interpretationen überwiegen die existenziell-psychologischen Ansätze. Für Marianne Thalmann erzählt Tieck eine Geschichte von der Komplexität menschlicher Persönlichkeit, von den Tiefenschichten, die niemals ganz zu überschauen sind und im Kern unerklärlich bleiben.[15] Friedrich Carl

Scheibe vertieft seine Deutung ins Existenzialistisch-Philosophische, indem er die Zentralaussage in der tragischen Zeitlichkeit des Menschen sieht. In Anlehnung an Martin Heideggers Auffassung von der Zeit formuliert er: »So wird menschliches Unglück in diesem Märchen aus dem Verhaftetsein des Menschen in den Bedingungen diesseitiger Zeitlichkeit begriffen. Die Zeit ist eine den Menschen verstoßende Macht.«[16] Auch Klaus J. Heinisch spricht vom tragischen Scheitern des Menschen. Gemeint ist hier allerdings weniger ein objektives als ein subjektives Scheitern. Bertha und Eckbert erscheinen als Opfer ihrer introvertierten Veranlagung, die sie den Anforderungen des Lebens wehrlos ausliefert.[17] Auffällig ist in den Deutungen von Scheible und Heinisch die Konzentration auf die beiden Hauptgestalten, während der utopische Entwurf der Waldeinsamkeit in den Hintergrund tritt.

Bertha und Eckbert Opfer ihrer introvertierten Veranlagung

In den 70er-Jahren beginnt man, sich stärker strukturellen Fragen zuzuwenden. Heinz Hillmann untersucht die charakteristische romantische Bildlichkeit im *Blonden Eckbert* und kommt zu dem Ergebnis, dass »visuell-akustische Phänomene« jeweils »mit dem Gefühl aufs innigste verbunden« sind, Empfindung und Landschaft ineinander übergehen.[18] Mehr an der Problematik der Gesamtstruktur zeigt sich Martin Swales interessiert. Vor allem betont er die symbolisierende Darstellungstendenz, die aber keine Klarheiten in der Aussage erreicht, sondern in der Ambiguität verharrt. »Ludwig Tieck's *Der blonde Eckbert* abounds in what ought to be symbolic incidents and figures. […] Yet the bird and its whole function in the story remain ambiguous, like so many of the characters and experiences.«[19] Lothar Pikulik sieht Tiecks Erzählung geprägt von der Dialektik des Wunderbaren und Gewöhnlichen. Dabei kommt es ihm vor allem auf die Erkenntnis an, dass das Wunder immer das Neue ist, also das, was man nicht hat und was einem fern steht. Insofern erscheint plötzlich die Waldeinsamkeit gewöhnlich und die Welt draußen wunderbar. Repräsentativ führt nach dem Urteil Paul-Wolfgang Wührls der *Blonde Eckbert* den Übergang des Volks- in das Kunstmärchen vor, indem Tieck den Schauplatz des Wunderbaren konsequent in die Seele des Helden verlegt und so die Erzählweise psychologisiert.[20]

Dialektik des Wunderbaren und Gewöhnlichen

Genau hier schließt Bernhard Greiner an, wenn er im *Blonden Eckbert* die Pathologie des Erzählens untersucht und die Erzählung als einen psychologischen Entwurf romantischen Dichtens versteht.[21]

Entwurf romantischen Dichtens

Historische und strukturelle Betrachtung sind in der Deutung von Winfried Freund verbunden. Eckbert und später auch Bertha verkörpern das verengte aufgeklärte Bewusstsein, dem die Waldeinsamkeit als Utopie paradiesischer Fülle gegenübersteht. Die Opposition der beiden Daseinsweisen spiegelt sich in der strukturellen Opposition von Märchen und Novelle, von Binnen- und Rahmenerzählung.[22]

Eckbert und Bertha: das verengte aufgeklärte Bewusstsein

Hans Richard Brittnacher fällt mit seiner Interpretation wieder in die modernistisch gewendeten Deutungsmuster der 60er-Jahre zurück. Weitgehend auf strukturelle Erörterungen verzichtend, geht er in erster Linie auf die existenzielle Problematik ein. Symptomatisch erscheinen ihm die Einsamkeit und das Entsetzen Eckberts und Berthas: »Das Entsetzen ist die fast wahnhaft eindringliche Erfahrung von Schutzlosigkeit des Ich und seinem Preisgegebensein an eine ihm im Grunde fremde Welt.«[23] Die allzu einseitige Akzentuierung von Eckbert und Bertha verfehlt eine eingehendere Betrachtung der Waldeinsamkeit, ohne deren Deutung aber ein angemessenes Verständnis der Märchennovelle ausgeschlossen ist.

Einseitige Akzentuierung von Eckbert und Bertha verfehlt Betrachtung der Waldeinsamkeit

9. Checkliste

1. Charakterisieren Sie die Titelgestalt und Eckberts Frau, die hinter »Ringmauern« leben.
2. Beschreiben Sie das Verhältnis von Eckbert und Bertha. Beachten Sie die klangliche Ähnlichkeit der Namen.
3. Vergleichen Sie das Verhalten des gelegentlichen Gastes Walther mit dem Verhalten der Gastgeber.
4. Geben Sie Gründe dafür an, warum Eckbert bereit ist, seine Frau ihr Geheimnis erzählen zu lassen. Achten Sie auf die Tageszeit und die äußeren Bedingungen als Kulisse für die Erzählung Berthas.
5. Skizzieren Sie den Gesamtaufbau der Erzählung.
6. Problematisieren Sie den Hinweis Berthas, dass es sich bei ihrer Geschichte um kein »Märchen« handle.
7. Nennen Sie die äußeren Merkmale, die für eine Novelle sprechen. Verwenden Sie dabei den Begriff des Rahmens.
8. Strukturieren Sie die Jugendgeschichte Berthas.
9. Erläutern Sie mit Blick auf die Situation des Kindes Bertha, welchen Stellenwert die Kindheit in der Entwicklung des Menschen hat; ziehen Sie dabei Schlüsse hinsichtlich der Bewertung der Kindheit in der Romantik.
10. Welche Bedeutung kommt der Landschaft während der Wanderung Berthas zu?
11. Worin besteht die sinnbildliche Aussage der Waldeinsamkeit im Vergleich mit der Welt, aus der Bertha aufgebrochen ist?
12. Unterstreichen Sie die Stellen, die etwas aussagen über das Verhalten der Alten und überlegen Sie, was die Alte im Grunde verkörpern soll.

13. Geben Sie an, wofür der Hund und der Vogel stehen sollen.

14. Verfolgen Sie Berthas Entwicklung von der Kindheit bis zum beginnenden Erwachsenenalter. Welche Rolle spielt in dieser Entwicklung der Eintritt in die Pubertät?

15. Begründen Sie, warum Bertha die Waldeinsamkeit verlässt und erläutern Sie, was dies für sie bedeutet.

16. Erörtern Sie das Verhalten Berthas nach ihrer Rückkehr in die bürgerliche Normalwelt.

17. Vergleichen Sie die Vorstellungen Berthas von ihrem Märchenprinzen mit dem realen Eckbert.

18. Erklären Sie das Verhalten Walthers nach der Erzählung der Jugendgeschichte und die Reaktion Eckberts.

19. Was bedeutet das Vergessen des Hundenamens?

20. Stellen Sie Vergleiche an zwischen Walther und Hugo. Welche Bedeutung haben diese beiden Gestalten für Eckberts Leben?

21. Vergleichen Sie die Landschaft, die Eckbert am Schluss betritt mit der Landschaft, die Bertha als Kind kennen gelernt hat. Achten Sie auf die Korrespondenzen.

22. Arbeiten Sie heraus, in welcher Weise die Darbietungsart des Finales sich von der übrigen unterscheidet.

23. Nennen Sie im Einzelnen, was die Alte Eckbert am Ende enthüllt, und kommentieren Sie die Bedeutung dieser Enthüllungen.

24. Bewerten Sie das Ende Eckberts und fragen Sie nach dessen Berechtigung.

25. Problematisieren Sie das Verhältnis von Märchen und Novelle in Tiecks Erzählung. Berücksichtigen Sie dabei allgemein die Gattungsvermischungen auf dem Hintergrund romantischen Denkens.

26. Formulieren Sie in eigenen Worten, welche Kritik Tieck mit seiner Erzählung an der Aufklärung übt.

27. Was erscheint Ihnen an Tiecks Erzählung »typisch romantisch«?

28. Bestimmen Sie den Stellenwert des *Blonden Eckbert* im Gesamtwerk Tiecks.

10. Lektüretipps

Textausgaben

Ludwig Tieck: Der blonde Eckbert. Der Runenberg. Stuttgart: Reclam, 2002. (UB. 7732.) – *Reformierte Rechtschreibung. Nach dieser Ausgabe wird zitiert.*

Tiecks Werke. Auswahl in sechs Teilen. Hrsg. von Eduard Berend. Berlin [u. a. O.] 1908. – *Ein breiter Werkquerschnitt. Die Ausgabe ist in Universitäts- und Landesbibliotheken einsehbar.*

Ludwig Tieck: Werke in vier Bänden. Hrsg. von Marianne Thalmann. München 1964. – *Enthält alle wichtigen erzählerischen und dramatischen Werke Tiecks. Eingehende Nachworte und Anmerkungen.*

Ludwig Tieck: Phantasus. 3 Bde. Hrsg. von Karl Georg Wendriner. Berlin 1911. – *Ausgabe von Tiecks zentralem Werk nach den Erstdrucken.*

Zur Literaturgeschichte

Freund, Winfried: Deutsche Literatur. Schnellkurs. Köln ^{2}2000. – *Konzentrierter Überblick über die deutsche Literaturgeschichte mit zahlreichen, überwiegend farbigen Abbildungen und Textbeispielen. Romantik: S. 98–109.*

Zur Gattung

Freund, Winfried: Literarische Phantastik. Die phantastische Novelle von Tieck bis Storm. Stuttgart 1990. – *Ein-*

zelinterpretationen phantastischer Novellen. Den Schwerpunkt bilden dabei Novellen der Romantik.

– Novelle. Stuttgart 1998. (Reclams UB. 1760.) – *Gedrängte, allgemein verständlich geschriebene Darstellung der Theorie und der Geschichte der Novelle.*

Wührl, Paul-Wolfgang: Das deutsche Kunstmärchen. Heidelberg 1984. – *Ein informativer und reichhaltiger Überblick über eine für die Romantik charakteristische Erzählform.*

Zu Ludwig Tieck

Günzel, Klaus: König der Romantik. Das Leben des Dichters Ludwig Tieck. Berlin [2]1986. – *Eine ausführliche Biographie mit Briefen, Selbstzeugnissen und Berichten.*

Köpke, Rudolf: Ludwig Tieck. Erinnerungen aus dem Leben des Dichters. Leipzig 1855. (Reprogr. Nachdr. der Originalausgabe. Darmstadt 1970.) – *Eine auf mündlichen und schriftlichen Mitteilungen basierende Biographie mit autobiographischem Profil.*

Zum Werk

Schweikert, Uwe (Hrsg.): Ludwig Tieck. München 1971. (Dichter über ihre Dichtungen. 9.) – *Tiecks Werke werden im Spiegel von Selbstzeugnissen des Dichters vorgestellt.*

Segebrecht, Wulf (Hrsg.): Ludwig Tieck. Darmstadt 1976. (Wege der Forschung. 386.) – *Übersichtliche Darstellungen der Forschungsergebnisse zum Gesamtwerk Tiecks.*

Zu *Der blonde Eckbert*

Brittnacher, Hans Richard: Ästhetik des Horrors. Frankfurt a. M. 1994. *Der blonde Eckbert:* S. 30–47.

Castein, Hanne: Erläuterungen und Dokumente: Ludwig Tieck: *Der blonde Eckbert. Der Runenberg.* Stuttgart 2002. (Reclams UB. 8178.)

Fischbacher-Bosshardt, Andrea: Freundschaft und Einsamkeit. Überlegungen zu Ludwig Tiecks *Der blonde Eckbert.* In: Ars et amicitia. Festschrift für Martin Bircher. Hrsg. von Ferdinand van Ingen und Christian Juranek. Amsterdam 1998. S. 609–622.

Freund, Winfried: Das gescheiterte Märchen – Ludwig Tieck: *Der blonde Eckbert.* In: W. F.: Literarische Phantastik. Stuttgart 1990. S. 16–26.

Greiner Bernhard: Patho-logie des Erzählens: Tiecks Entwurf der Dichtung im *Blonden Eckbert.* In: Der Deutschunterricht 39 (1987) H. 1. S. 111–123.

Heinisch, Klaus J.: Ludwig Tieck: *Der blonde Eckbert.* In: K. J. H.: Deutsche Romantik. Interpretationen. Paderborn 1966. S. 123–133.

Schlaffer, Heinz: Roman und Märchen. Ein formtheoretischer Versuch über Tiecks *Blonden Eckbert.* In: Romantikforschung seit 1945. Hrsg. von Klaus Peter. Königstein i. Ts. 1980. S. 251–264.

Swales, Martin: Reading one's Life. An Analysis of Tieck's *Der blonde Eckbert.* In: German Life and Letters 29 (1975) S. 165–175.

Anmerkungen

1 Vgl. Klaus Günzel, *König der Romantik. Das Leben des Dichters Ludwig Tieck*, Berlin 1981.
2 *Herzensergießungen eines kunstliebenden Klosterbruders, Phantasien über die Kunst für Freunde der Kunst*, beide 1799.
3 *Athenaeum I. Eine Zeitschrift von August Wilhelm und Friedrich Schlegel*, ausgew. von Curt Grützmacher, Reinbek bei Hamburg 1969, S. 118.
4 *Ludwig Tiecks Phantasus*, neu hrsg. von Karl Georg Wendriner, Bd. 1, Berlin 1911. S. 134.
5 *Tiecks Werke*, 1. Teil, hrsg. von Eduard Berend, Bd. 1, Berlin 1908. S. 50.
6 Ludwig Tieck, *Der blonde Eckbert*, *Der Runenberg*, Bd. 1, Stuttgart 2002 (RUB, 7732). – Auf diese Ausgabe beziehen sich die in Klammern angegebenen Seitenzahlen.
7 Clemens Brentano, *Werke* 2, hrsg. von Friedhelm Kemp, München ²1973, S. 983.
8 Heinrich Heine, *Sämtliche Werke*, hrsg. von Ernst Elster, Leipzig/Wien 1887–90, S. 294.
9 *Tiecks Werke*, 3. Teil, hrsg. von Eduard Berend, Berlin [u. a. O.] 1908, S. 278.
10 Heinrich Heine, *Sämtliche Werke*, hrsg. von Ernst Elster, Bd. 5, Leipzig/Wien 1887–90, S. 234.
11 Ebd., S. 287.
12 Theodor Storm, *Briefe*, hrsg. von Peter Goldammer, Bd. 2, Berlin ²1984, S. 154.
13 Friedrich Gundolf, »Ludwig Tieck«, in: *Jahrbuch des freien deutschen Hochstifts*, 1929, S. 99–195.
14 Emil Staiger, »Tieck und der Ursprung der deutschen Romantik«, in: *Neue Rundschau* 71 (1960) S. 598.
15 Marianne Thalmann, *Das Märchen und die Moderne*, Stuttgart 1961.
16 Friedrich Carl Scheibe, »Aspekte des Zeitproblems in Tiecks frühromantischer Dichtung«, in: *Germanisch-romanische Monatsschrift* 15 (1965) S. 57.
17 Klaus J. Heinisch, *Deutsche Romantik. Interpretationen*, Paderborn 1966, S. 123–133.

18 Heinz Hillmann, »Bildlichkeit der deutschen Romantik«, in: *Athenäum*, Frankfurt a. M. 1971, S. 60.
19 Martin Swales, *The German Novelle,* Princeton 1977, S. 42.
20 Paul-Wolfgang Wührl, *Das deutsche Kunstmärchen,* Heidelberg 1984, S. 239–247.
21 Bernhard Greiner, »Patho-logie des Erzählens«, in: *Der Deutschunterricht* 39 (1987) H. 1, S. 111–123.
22 Winfried Freund, *Literarische Phantastik. Die phantastische Novelle von Tieck bis Storm*, Stuttgart 1990, S. 16–26.
23 Hans Richard Brittnacher, *Ästhetik des Horrors*, Frankfurt a. M. 1994, S. 45.

Raum für Notizen